書いて定着

アウトプット専用問題集

中1英語 文法

もくじ

JN025002

本書の特長と使い方

本書は，成績アップの壁を打ち破るため，
問題を解いて解いて解きまくるための
アウトプット専用問題集です。

**次のように感じたことの
ある人はいませんか？**

☑ 授業は理解できる
　➡ **でも問題が解けない！**

☑ あんなに手ごたえ十分だったのに
　➡ **テスト結果がひどかった**

☑ マジメにがんばっているけれど
　➡ **ぜんぜん成績が上がらない**

基本のページ

アウトプットに特化したスタイル

ストレスフリーでどんどん解ける！
問題を解いて解いて解きまくろう！

単元はじめの問題にはヒントがあるからつまずかずにスイスイ解ける！

答えはすべて書き込める！

180°開く製本だから書き込みやすい！
手を離しても本が閉じない！

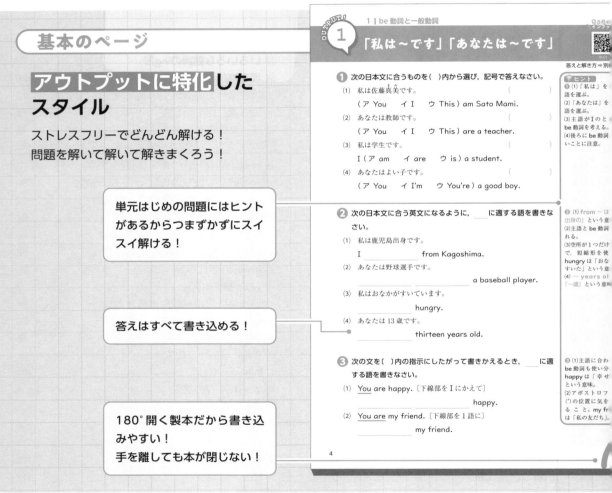

テストのページ

まとめのテスト

数単元ごとに設けています。
これまでに学んだ単元で重要なタイプの問題
を掲載しているので，復習に最適です。点数を
設定しているので，定期テスト前の確認や自
分の弱点強化にも使うことができます。

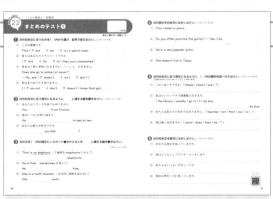

原因は実際に問題を解くという
アウトプット不足
です。
本書ですべて解決できます！

次の英文を日本文になおしなさい。

You are from Hokkaido.

( )

I am a math teacher.

( )

I'm sleepy.

( )

You're my classmate.

( )

次の日本文に合う英文になるように，( )内の語句を並べかえなさい。
[文頭の文字も小文字になっていることがあります]

私はトムです。(am / I / Tom / .)

あなたはピアニストです。(a / are / pianist / you / .)

私はテニスファンです。(tennis fan / I'm / a / .)

次の日本文を英文になおしなさい。ただし，( )内の語句を使い，指定された語数で書くこと。

私はエミリーです。(Emily)〔3語〕

あなたは医者です。(a doctor)〔3語〕

あなたはよいサッカー選手です。(a good soccer player)〔6語〕

私は15歳です。(fifteen years old)〔4語〕

5

スマホを使うサポートも万全！

\ちょこっとインプット/

わからないことがあったら，QRコードを読みとってスマホやタブレットでサクッと確認できる！

\らくらくマルつけ/

QRコードを読みとれば，解答が印字された紙面が手軽に見られる！

※くわしい解説を見たいときは別冊をチェック！

チャレンジテスト

巻末に2回設けています。
簡単な高校入試の問題も扱っているので，自身の力試しに最適です。
入試前の「仕上げ」として時間を決めて取り組むことができます。

「私は～です」「あなたは～です」

Bi-01

答えと解き方 ➡ 別冊 p.2

❶ 次の日本文に合うものを（ ）内から選び，記号で答えなさい。

(1) 私は佐藤真美です。 （ ）

（ ア You　イ I　ウ This) am Sato Mami.

(2) あなたは教師です。 （ ）

（ ア You　イ I　ウ This) are a teacher.

(3) 私は学生です。 （ ）

I（ ア am　イ are　ウ is) a student.

(4) あなたはよい子です。 （ ）

（ ア You　イ I'm　ウ You're) a good boy.

❷ 次の日本文に合う英文になるように，＿＿＿に適する語を書きなさい。

(1) 私は鹿児島出身です。

I ＿＿＿＿＿＿ from Kagoshima.

(2) あなたは野球選手です。

＿＿＿＿＿＿ ＿＿＿＿＿＿ a baseball player.

(3) 私はおなかがすいています。

＿＿＿＿＿＿ hungry.

(4) あなたは 13 歳です。

＿＿＿＿＿＿ thirteen years old.

❸ 次の文を〔 〕内の指示にしたがって書きかえるとき，＿＿＿に適する語を書きなさい。

(1) <u>You are</u> happy.〔下線部を I にかえて〕

＿＿＿＿＿＿ happy.

(2) <u>You are</u> my friend.〔下線部を 1 語に〕

＿＿＿＿＿＿ my friend.

ちょこっとインプット

💡 ヒント

❶ (1)「私は」を表す語を選ぶ。
(2)「あなたは」を表す語を選ぶ。
(3)主語が I のときの be 動詞を考える。
(4)後ろに be 動詞がないことに注意。

❷ (1) from ～ は「～出身の」という意味。
(2)主語と be 動詞を入れる。
(3)空所が 1 つだけなので，短縮形を使う。hungry は「おなかがすいた」という意味。
(4) ～ years old は「～歳」という意味。

❸ (1)主語に合わせて be 動詞も使い分ける。happy は「幸せな」という意味。
(2)アポストロフィー（'）の位置に気をつけること。my friend は「私の友だち」。

4 次の英文を日本文になおしなさい。

(1) You are from Hokkaido.

(   )

(2) I am a math teacher.

(   )

(3) I'm sleepy.

(   )

(4) You're my classmate.

(   )

5 次の日本文に合う英文になるように，（ ）内の語句を並べかえなさい。
[文頭の文字も小文字になっていることがあります]

(1) 私はトムです。(am / I / Tom / .)

(2) あなたはピアニストです。(a / are / pianist / you / .)

(3) 私はテニスファンです。(tennis fan / I'm / a / .)

6 次の日本文を英文になおしなさい。ただし，（ ）内の語句を使い，指定された語数で書くこと。

(1) 私はエミリーです。(Emily)〔3語〕

(2) あなたは医者です。(a doctor)〔3語〕

(3) あなたはよいサッカー選手です。(a good soccer player)〔6語〕

(4) 私は 15 歳です。(fifteen years old)〔4語〕

「彼は～です」「彼女は～です」

Bi-02

答えと解き方 ➡ 別冊 p.2

❶ 次の日本文に合うものを（ ）内から選び，記号で答えなさい。

(1) 彼はジョンです。 （ ）

（ ア He　　イ She　　ウ You ）is John.

(2) 彼女は私の姉です。 （ ）

（ ア He　　イ She　　　ウ You ）is my sister.

(3) 彼女はカナダ出身です。 （ ）

She（ ア am　　イ are　　ウ is ）from Canada.

(4) 彼はあなたの先生です。 （ ）

（ ア He's　　イ He　　ウ She's ）your teacher.

ヒント

❶ (1)「彼は」を表す語を選ぶ。
(2)「彼女は」を表す語を選ぶ。
(3)主語が she のときの be 動詞を考える。
(4)後ろに be 動詞がないことに注意。

❷ 次の日本文に合う英文になるように，＿＿に適する語を書きなさい。

(1) 彼は私の父です。

He ＿＿＿＿＿＿ my father.

(2) 彼女はバスケットボールファンです。

＿＿＿＿＿ ＿＿＿＿＿ a basketball fan.

(3) 彼女は親切です。

＿＿＿＿＿ kind.

(4) 彼は山本先生です。

＿＿＿＿＿ Mr. Yamamoto.

❷ (1)主語が he のときの be 動詞を考える。
(2)主語と be 動詞を入れる。
(3)空所が 1 つだけなので，短縮形を使う。kind は「親切な」という意味。
(4) Mr. は男性につく敬称で，「～さん，～先生」という意味。

❸ 次の文を〔 〕内の指示にしたがって書きかえるとき，＿＿に適する語を書きなさい。

(1) I am an English teacher.〔下線部を He にかえて〕

＿＿＿＿＿ ＿＿＿＿＿ an English teacher.

(2) He's Mr. Tanaka.〔下線部を Ms. にかえて〕

＿＿＿＿＿ Ms. Tanaka.

❸ (1)主語に合わせて be 動詞も使い分けることに注意。
(2) Ms. は女性につく敬称で，「～さん，～先生」という意味。

4 次の英文を日本文になおしなさい。

(1) He is a nurse.

(　　　　　　　　　　　　　　　　　　　　　　　　　　)

(2) She is my aunt.

(　　　　　　　　　　　　　　　　　　　　　　　　　　)

(3) He's eight years old.

(　　　　　　　　　　　　　　　　　　　　　　　　　　)

(4) She's a junior high school student.

(　　　　　　　　　　　　　　　　　　　　　　　　　　)

5 次の日本文に合う英文になるように，（　）内の語句を並べかえなさい。
[文頭の文字も小文字になっていることがあります]

(1) 彼女は俳優です。(an / she / actor / is / .)

_____

(2) 彼はよい父親です。(is / good father / he / a / .)

_____

(3) 彼は私のいとこです。(my / he's / cousin / .)

_____

6 次の日本文を英文になおしなさい。ただし，（　）内の語句を使い，指定された語数で書くこと。

(1) 彼は中島先生です。(Mr. Nakajima)〔4語〕

_____

(2) 彼女は歌手です。(a singer)〔4語〕

_____

(3) 彼女は私の祖母です。(my grandmother)〔3語〕

_____

(4) 彼は沖縄出身です。(from Okinawa)〔3語〕

_____

ちょこっとインプット

Bi-03

「これは〜です」「あれは〜です」

答えと解き方 ➡ 別冊 p.3

1 次の日本文に合うものを（　）内から選び，記号で答えなさい。

(1) これは私のタオルです。　　　　　　　　　　（　　　）

（ ア This　　イ You　　ウ That ）is my towel.

(2) あちらは私の兄です。　　　　　　　　　　（　　　）

That（ ア am　　イ are　　ウ is ）my brother.

(3) あれは塔です。　　　　　　　　　　（　　　）

（ ア This　　イ That　　ウ That's ）a tower.

2 次の日本文に合う英文になるように，＿＿に適する語を書きなさい。

(1) こちらは私の父です。

＿＿＿＿＿＿＿ ＿＿＿＿＿＿＿ my father.

(2) あれはスタジアムです。

＿＿＿＿＿＿＿ ＿＿＿＿＿＿＿ a stadium.

(3) あちらはジムのお母さんです。

＿＿＿＿＿＿＿ Jim's mother.

3 次の文を〔　〕内の指示にしたがって書きかえるとき，＿＿に適する語を書きなさい。

(1) I am a singer.〔「こちらは〜です」という文に〕

＿＿＿＿＿＿＿ ＿＿＿＿＿＿＿ a singer.

(2) This is my bag.〔「あれは〜です」という文に〕

＿＿＿＿＿＿＿ my bag.

(3) You are a student.〔「あちらは〜です」という文に〕

＿＿＿＿＿＿＿ a student.

(4) <u>That is</u> your house.〔下線部を1語で〕

＿＿＿＿＿＿＿ your house.

ヒント

1 (1) this は「これは」，that は「あれは」という意味を表す。
(2)主語が that のときの be 動詞を考える。
(3)後ろに be 動詞がないことに注意。

2 (1) my は「私の」という意味を表す。
(2)「あれは」と離れたところにあるものを指している。
(3)空所が1つだけなので，短縮形を使う。

3 (1)(3)主語に合わせて be 動詞も使い分けることに注意。
(2) This is 〜. は「これは〜です」という意味。
(4)アポストロフィー（'）の位置に気をつけること。

4 次の英文を日本文になおしなさい。

(1) This is a racket.

(　　　　　　　　　　　　　　　　　　　　　　　　　　)

(2) That's my uncle.

(　　　　　　　　　　　　　　　　　　　　　　　　　　)

(3) That is your chair.

(　　　　　　　　　　　　　　　　　　　　　　　　　　)

(4) This is an onion.

(　　　　　　　　　　　　　　　　　　　　　　　　　　)

5 次の日本文に合う英文になるように，（ ）内の語を並べかえなさい。
[文頭の文字も小文字になっていることがあります]

(1) これはニンジンです。(is / carrot / a / this / .)

(2) あれは私の自転車です。(bike / that / my / is / .)

(3) これはあなたの消しゴムです。(your / this / eraser / is / .)

(4) あちらは私の先生です。(teacher / that's / my / .)

6 次の日本文を英文になおしなさい。ただし，（ ）内の語句を使うこと。

(1) これはあなたのノートです。(notebook)

(2) あれはギターです。(a guitar)

(3) こちらは私の祖父です。(grandfather)

(4) あちらは私の友だちです。(friend)

らくらく
マルつけ

Ba-03

9

「この…は〜です」「あの…は〜です」

Bi-04

答えと解き方⇒別冊 p.3

ヒント

1 次の日本文に合うものを（　）内から選び，記号で答えなさい。

(1) このイヌは大きいです。　　　　　　　　（　　　　）

　　（ ア This　　イ You　　ウ That ）dog is big.

(2) あの山は富士山です。　　　　　　　　　（　　　　）

　　（ ア This　　イ He　　ウ That ）mountain is Mt. Fuji.

(3) あの男の子は健太です。　　　　　　　　（　　　　）

　　That boy（ ア am　　イ is　　ウ are ）Kenta.

(4) このかばんは私のものです。　　　　　　（　　　　）

　　This（ ア a bag　　イ bag　　ウ my bag ）is mine.

❶ (1)(2) this は「この」，that は「あの」という意味を表す。
(3) 主語が〈that + 名詞〉の場合の be 動詞を考える。
(4) mine は「私のもの」という意味。

2 次の日本文に合う英文になるように，＿＿＿に適する語を書きなさい。

(1) このリンゴは緑色です。

　　＿＿＿＿＿ apple ＿＿＿＿＿ green.

(2) あの木は背が高いです。

　　＿＿＿＿＿ tree ＿＿＿＿＿ tall.

(3) あちらの男性は中井先生です。

　　＿＿＿＿＿＿＿＿＿＿ is Mr. Nakai.

❷ (1) green は「緑色」という意味。
(2) 「あの木」と離れたところにある木を指している。
(3) 「男性」は man。

3 次の文を〔　〕内の指示にしたがって書きかえるとき，＿＿＿に適する語を書きなさい。

(1) This is beautiful. 〔「この鳥は〜です」という文に〕

　　＿＿＿＿＿＿＿＿＿＿ is beautiful.

(2) This girl is Yoshiko.

　　〔離れたところにいる女の子を指して言う文に〕

　　＿＿＿＿＿＿＿＿＿＿ is Yoshiko.

❸ (1) 「鳥」は bird。
(2) 「あの女の子」と離れたところにいる女の子を指す文にする。

4 次の英文を日本文になおしなさい。

(1) This cat is cute.

(　　　　　　　　　　　　　　　　　　　　　)

(2) That boy is a high school student.

(　　　　　　　　　　　　　　　　　　　　　)

(3) That house is my friend's house.

(　　　　　　　　　　　　　　　　　　　　　)

(4) This woman is from Australia.

(　　　　　　　　　　　　　　　　　　　　　)

5 次の日本文に合う英文になるように，（　）内の語を並べかえなさい。
[文頭の文字も小文字になっていることがあります]

(1) このケーキはおいしいです。(cake / delicious / this / is / .)

_____

(2) あの学校は古いです。(that / is / old / school / .)

_____

(3) こちらの男性は私の先生です。(my / man / is / teacher / this / .)

_____

(4) あのコンピューターは私のものです。(is / mine / that / computer / .)

_____

6 次の日本文を英文になおしなさい。ただし，（　）内の語句を使うこと。

(1) この鉛筆は短いです。(short)

_____

(2) こちらの女の子は私の妹です。(my sister)

_____

(3) あちらの男性は数学教師です。(a math teacher)

_____

(4) あの本はおもしろいです。(interesting)

_____

らくらく
マルつけ

5 1 | be 動詞と一般動詞

ちょこっと
インプット

「私たちは〜です」「彼らは〜です」

Bi-05

答えと解き方➡別冊 p.4

❶ 次の日本文に合うものを（ ）内から選び，記号で答えなさい。

(1) 私たちはアメリカ合衆国出身です。　　　　　（　　　　）

（ ア I　　 イ We　　 ウ They ）are from the U.S.A.

(2) 彼らは私の友だちです。　　　　　　　　　（　　　　）

They（ ア am　　 イ are　　 ウ is ）my friends.

(3) 彼女たちは姉妹です。　　　　　　　　　　（　　　　）

（ ア They　　 イ We're　　 ウ They're ）sisters.

(4) 私たちは学生です。　　　　　　　　　　　（　　　　）

We are（ ア students　　 イ a student　　 ウ student ）.

❷ 次の日本文に合う英文になるように，＿＿＿に適する語を書きなさい。

(1) 私たちはテニス選手です。

＿＿＿＿＿＿ ＿＿＿＿＿＿ tennis players.

(2) 彼らはいそがしいです。

＿＿＿＿＿＿ ＿＿＿＿＿＿ busy.

(3) 私たちはあなたのクラスメートです。

＿＿＿＿＿＿ your classmates.

❸ 次の文を〔 〕内の指示にしたがって書きかえるとき，＿＿＿に適する語を書きなさい。

(1) I am from India.〔「私たちは〜です」という文に〕

＿＿＿＿＿＿ ＿＿＿＿＿＿ from India.

(2) He is a doctor.〔「彼らは〜です」という文に〕

＿＿＿＿＿＿ ＿＿＿＿＿＿ doctors.

(3) They are my brothers.〔下線部を1語に〕

＿＿＿＿＿＿ my brothers.

ヒント

❶ (1)「私たちは」を表す語を選ぶ。
(2)主語が they のときの be 動詞を考える。
(3)後ろに be 動詞がないことに注意。
(4) a は「1人の」という意味を表す。

❷ (1)主語と be 動詞を入れる。
(2) busy は「いそがしい」という意味。
(3)空所が1つだけなので，短縮形を使う。

❸ (1)(2)主語に合わせて be 動詞も使い分けることに注意。
(3)アポストロフィー（'）の位置に気をつけること。

4 次の英文を日本文になおしなさい。

(1) They are artists.

(　　　　　　　　　　　　　　　　　　　　　　　　　)

(2) We're friends.

(　　　　　　　　　　　　　　　　　　　　　　　　　)

(3) We are English teachers.

(　　　　　　　　　　　　　　　　　　　　　　　　　)

(4) They're my cousins.

(　　　　　　　　　　　　　　　　　　　　　　　　　)

5 次の日本文に合う英文になるように，（　）内の語を並べかえなさい。
[文頭の文字も小文字になっていることがあります]

(1) 私たちはひまです。(free / we / are / .)

_____

(2) 彼女たちはよいダンサーです。(are / they / dancers / good / .)

_____

(3) それらは私の本です。(my / books / they're / .)

_____

(4) 私たちはサッカーファンです。(soccer / we're / fans / .)

_____

6 次の日本文を英文になおしなさい。ただし，（　）内の語を使うこと。

(1) 彼らは私のおじです。(uncles)

_____

(2) 私たちはギタリストです。(guitarists)

_____

(3) それらはあなたのノートです。(notebooks)

_____

(4) 私たちは高校生です。(students)

_____

OUTPUT! 6

「これらは～です」「あれらは～です」

Bi-06

答えと解き方 ➡ 別冊 p.4

❶ 次の日本文に合うものを（ ）内から選び，記号で答えなさい。

(1) これらは私のペンです。　　　　　　　　　　（　　　　）

　　（ ア This　　イ These　　ウ Those) are my pens.

(2) あれらはネコです。　　　　　　　　　　　　（　　　　）

　　（ ア That　　イ These　　ウ Those) are cats.

(3) こちらは新しい先生がたです。　　　　　　　（　　　　）

　　These （ ア am　　イ are　　ウ is) new teachers.

❷ 次の日本文に合う英文になるように，＿＿＿に適する語を書きなさい。

(1) これらはあなたの本です。

　　＿＿＿＿＿＿＿ ＿＿＿＿＿＿＿ your books.

(2) あちらは私の兄たちです。

　　＿＿＿＿＿＿＿ ＿＿＿＿＿＿＿ my brothers.

(3) あれらは父の車です。

　　＿＿＿＿＿＿＿ are my father's ＿＿＿＿＿＿＿.

❸ 次の文を〔 〕内の指示にしたがって書きかえるとき，＿＿＿に適する語を書きなさい。

(1) This is an eraser. 〔「これらは～です」という文に〕

　　＿＿＿＿＿＿＿ ＿＿＿＿＿＿＿ erasers.

(2) These are my bags. 〔「あれらは～です」という文に〕

　　＿＿＿＿＿＿＿ ＿＿＿＿＿＿＿ my bags.

(3) That is a rabbit. 〔下線部を rabbits にかえて〕

　　＿＿＿＿＿＿＿ ＿＿＿＿＿＿＿ rabbits.

(4) This is my friend. 〔下線部を These にかえて〕

　　These ＿＿＿＿＿＿＿ my ＿＿＿＿＿＿＿.

ヒント

❶ (1) these は「これらは」という意味を表す。

(2) those は「あれらは」という意味を表す。

(3) 主語が these のときの be 動詞を考える。

❷ (1)「これらは」と近くにあるものを指している。

(2)「あちらは」と離れたところにいる人を指している。

(3)「あれらは」と複数のものを指しているので，名詞を複数形にする。「車」は car。

❸ (1)(4) 主語に合わせて be 動詞も使い分けることに注意。

(2) These are ～. は「これらは～です」という意味。

(3) a rabbit が複数になるということは…？

4 次の英文を日本文になおしなさい。

(1) These are notebooks.

(　　　　　　　　　　　　　　　　　　　　　）

(2) Those are pandas.

(　　　　　　　　　　　　　　　　　　　　　）

(3) Those are my bikes.

(　　　　　　　　　　　　　　　　　　　　　）

(4) These are your balls.

(　　　　　　　　　　　　　　　　　　　　　）

5 次の日本文に合う英文になるように，（　）内の語句を並べかえなさい。
[文頭の文字も小文字になっていることがあります]

(1) これらは英語の教科書です。(are / English textbooks / these / .)

_____

(2) あれらはあなたのイヌです。(your / those / dogs / are / .)

_____

(3) これらは私の母のぼうしです。(my mother's / these / are / hats / .)

_____

(4) あちらは私のいとこたちです。(cousins / are / my / those / .)

_____

6 次の日本文を英文になおしなさい。ただし，（　）内の語句を使うこと。

(1) これらはバイオリンです。(violins)

_____

(2) あちらは私のクラスメートたちです。(classmates)

_____

(3) あれらはライオンです。(lions)

_____

(4) こちらは新入生たちです。(new students)

_____

be 動詞の疑問文

BI-07

答えと解き方➡別冊 p.5

① 次の日本文に合うものを（ ）内から選び，記号で答えなさい。

(1) あなたは学生ですか。 （　　　　　）

　　（ ア Are　　イ Am　　ウ Is ）you a student?

(2) 彼女はあなたのお姉さんですか。 （　　　　　）

　　（ ア Are　　イ Am　　ウ Is ）she your sister?

(3) これは消しゴムですか。 （　　　　　）

　　（ ア This is　　イ Is this　　ウ Are these ）an eraser?

② 次の日本文に合う英文になるように，＿＿＿＿に適する語を書きなさい。

(1) 彼らはサッカーファンですか。

　　＿＿＿＿＿＿＿＿ ＿＿＿＿＿＿＿＿ soccer fans?

(2) あれらはネコですか。

　　＿＿＿＿＿＿＿＿ ＿＿＿＿＿＿＿＿ cats?

(3) 彼はいそがしいですか。

　　＿＿＿＿＿＿＿＿ ＿＿＿＿＿＿＿＿ busy?

③ 次の文を〔 〕内の指示にしたがって書きかえるとき，＿＿＿＿に適する語を書きなさい。

(1) That is a library.〔疑問文に〕

　　＿＿＿＿＿＿＿＿ ＿＿＿＿＿＿＿＿ a library?

(2) They are from the U.S.A.〔疑問文に〕

　　＿＿＿＿＿＿＿＿ ＿＿＿＿＿＿＿＿ from the U.S.A.?

(3) Is she Ms. Brown?〔「あなたは〜ですか」という文に〕

　　＿＿＿＿＿＿＿＿ ＿＿＿＿＿＿＿＿ Ms. Brown?

(4) Are these your books?〔「これは〜ですか」という文に〕

　　＿＿＿＿＿＿＿＿ ＿＿＿＿＿＿＿＿ your book?

ヒント

❶ (1)主語は you。
(2)主語は she。
(3)be 動詞の疑問文の語順に注意。

❷ (1)「彼らは」は they。
(2)「あれらは」は those。
(3)「彼は」は he。

❸ (1)(2)主語と be 動詞の語順に注意。
(3)(4)主語に合わせて be 動詞も使い分けることに注意。

4 次の英文を日本文になおしなさい。

(1) Is that your mother?

(　　　　　　　　　　　　　　　　　　　　　　　　　　　　　　　　　　　　　　)

(2) Is this computer new?

(　　　　　　　　　　　　　　　　　　　　　　　　　　　　　　　　　　　　　　)

(3) Are those your cars?

(　　　　　　　　　　　　　　　　　　　　　　　　　　　　　　　　　　　　　　)

(4) Are you a science teacher?

(　　　　　　　　　　　　　　　　　　　　　　　　　　　　　　　　　　　　　　)

5 次の日本文に合う英文になるように，（　）内の語を並べかえなさい。
[文頭の文字も小文字になっていることがあります]

(1) これはギターですか。(this / guitar / a / is / ?)

_____

(2) これらはオレンジですか。(these / oranges / are / ?)

_____

(3) 彼はあなたのおじさんですか。(uncle / is / your / he / ?)

_____

(4) 彼女たちは歌手ですか。(are / singers / they / ?)

_____

6 次の日本文を英文になおしなさい。ただし，（　）内の語句を使うこと。

(1) あれは体育館ですか。(a gym)

_____

(2) あちらはあなたの友人たちですか。(friends)

_____

(3) あなたは野球選手ですか。(a baseball player)

_____

(4) このケーキはおいしいですか。(delicious)

_____

OUTPUT! **8**

1 | be 動詞と一般動詞

ちょこっと インプット

be 動詞の疑問文の答え方

Bi-08

答えと解き方 ➡ 別冊 p.5

❶ 次の日本文に合うものを（　）内から選び，記号で答えなさい。

(1) あなたはヘンリーですか。— はい，そうです。（　　　）

Are you Henry?

— Yes, (ア you　イ I　ウ it) am.

(2) これはメロンですか。— いいえ，違います。（　　　）

Is this a melon?

— No, it (ア is　イ are　ウ is not).

(3) あれらは鳥ですか。— はい，そうです。（　　　）

Are those birds?

— Yes, (ア they　イ it　ウ these) are.

(4) 彼らは教師ですか。— いいえ，違います。（　　　）

Are they teachers?

— No, they (ア are　イ aren't　ウ isn't).

❷ ＿＿ に適する語を書いて，答えの文を完成させなさい。

(1) Is she a pianist?

— Yes, ＿＿＿＿＿＿＿ ＿＿＿＿＿＿＿ .

(2) Are they your classmates?

— No, ＿＿＿＿＿＿＿ ＿＿＿＿＿＿＿ not.

(3) Is this a pencil case?

— Yes, ＿＿＿＿＿＿＿ ＿＿＿＿＿＿＿ .

(4) Are you a high school student?

— No, ＿＿＿＿＿＿＿ ＿＿＿＿＿＿＿ .

(5) Are these foxes?

— No, ＿＿＿＿＿＿＿ ＿＿＿＿＿＿＿ .

💡ヒント

❶ (1)「あなたは〜ですか」と聞かれているので，答えているのは「私」。
(2) No で答えていることに注目。
(3) 答えの文では，this[that] は it, these[those] は they で受ける。
(4) 主語は they で，No で答えている。

❷ (1) she は答えの文でも she で受ける。
(2) they は答えの文でも they で受ける。
(3) this は答えの文では it で受ける。pencil case は「筆箱」という意味。
(4) 空所の数に注意して，短縮形を使う。
(5) 空所の数に注意して，短縮形を使う。fox は「キツネ」という意味。

❸ 次の日本文に合う英文になるように，（　）内の語を並べかえなさい。

[文頭の文字も小文字になっていることがあります]

(1) これはあなたの家ですか。— はい，そうです。

Is this your house? —（ is / , / yes / it / . ）

_____

(2) あなたは東京出身ですか。— いいえ，違います。

Are you from Tokyo? —（ I / not / no / , / am / . ）

_____

(3) あれはトムのカップですか。— いいえ，違います。

Is that Tom's cup? —（ it / no / , / isn't / . ）

_____

(4) あなたたちはサッカーファンですか。— はい，そうです。

Are you soccer fans? —（ we / yes / , / are / . ）

_____

❹ 次の疑問文に（　）内の語を使って答えなさい。

(1) Is that a racket?（Yes）

— _____

(2) Are those college students?（No）

— _____

(3) Is this book old?（No）

— _____

❺ 次の下線部の日本文を英文になおしなさい。

(1) あなたは三木先生ですか。— はい，そうです。

Are you Mr. Miki? — _____

(2) あれはテーブルですか。— いいえ，違います。

Is that a table? — _____

be 動詞の否定文

ちょこっと インプット

Bi-09

答えと解き方 ➡ 別冊 p.6

ヒント

❶ (1) not は「〜でない」という否定の意味。
(2) be 動詞の否定文の語順に注意。
(3) 前後に be 動詞や not がないことに注目。

❶ 次の日本文に合うものを（ ）内から選び，記号で答えなさい。

(1) 私は香織ではありません。　　　　　　　　　（　　　）

　　 I am（ ア it　 イ a　 ウ not ）Kaori.

(2) 彼は俳優ではありません。　　　　　　　　　（　　　）

　　 He（ ア is　 イ not is　 ウ is not ）an actor.

(3) これらは私の教科書ではありません。　　　　（　　　）

　　 These（ ア aren't　 イ are　 ウ not ）my textbooks.

❷ 次の日本文に合う英文になるように，＿＿に適する語を書きなさい。

❷ (1) 主語が you「あなたは」の否定文。
(2) 主語が that「あれは」の否定文。
(3) 空所が2つだけなので，短縮形を使う。

(1) あなたは私の生徒ではありません。

　　 ＿＿＿＿＿＿＿ are ＿＿＿＿＿＿＿ my student.

(2) あれは公園ではありません。

　　 ＿＿＿＿＿＿＿ ＿＿＿＿＿＿＿ ＿＿＿＿＿＿＿ a park.

(3) 彼らはバスケットボール選手ではありません。

　　 ＿＿＿＿＿＿＿ ＿＿＿＿＿＿＿ basketball players.

❸ 次の文を〔 〕内の指示にしたがって書きかえるとき，＿＿に適する語を書きなさい。

❸ (1) not を置く位置に注意。
(2) box は「箱」という意味。
(3) アポストロフィー（'）の位置に気をつけること。
(4) 空所が2つだけなので，短縮形を使う。主語に合わせて be 動詞も使い分けることに注意。

(1) She is a doctor.〔否定文に〕

　　 ＿＿＿＿＿＿＿ ＿＿＿＿＿＿＿ ＿＿＿＿＿＿＿ a doctor.

(2) Those are boxes.〔否定文に〕

　　 ＿＿＿＿＿＿＿ ＿＿＿＿＿＿＿ ＿＿＿＿＿＿＿ boxes.

(3) He is not my friend.〔下線部を1語に〕

　　 ＿＿＿＿＿＿＿ ＿＿＿＿＿＿＿ my friend.

(4) You're not from China.〔「私は〜ではありません」という文に〕

　　 ＿＿＿＿＿＿＿ ＿＿＿＿＿＿＿ from China.

4 次の英文を日本文になおしなさい。

(1) This is not a tiger.

(　　　　　　　　　　　　　　　　　　　　　　　　　　　)

(2) Those aren't my cups.

(　　　　　　　　　　　　　　　　　　　　　　　　　　　)

(3) She isn't twelve years old.

(　　　　　　　　　　　　　　　　　　　　　　　　　　　)

(4) We're not college students.

(　　　　　　　　　　　　　　　　　　　　　　　　　　　)

5 次の日本文に合う英文になるように，（ ）内の語句を並べかえなさい。
[文頭の文字も小文字になっていることがあります]

(1) あちらは私のおばではありません。(not / is / my / that / aunt / .)

_____

(2) この映画はおもしろくありません。(isn't / movie / interesting / this / .)

_____

(3) 私は国語教師ではありません。(a / I'm / Japanese teacher / not / .)

_____

(4) 彼らはいそがしくありません。(they / busy / aren't / .)

_____

6 次の日本文を英文になおしなさい。ただし，（ ）内の語句を使うこと。

(1) 彼はホワイトさんではありません。(Mr. White)

_____

(2) これらはあなたのノートではありません。(notebooks)

_____

(3) あの山は高くありません。(mountain, high)

_____

(4) 私はテニスファンではありません。(a tennis fan)

_____

らくらく
マルつけ

Ba-09

OUTPUT! **10**

I や You で始まる一般動詞の文

Bi-10

答えと解き方 ➡ 別冊 p.7

① 次の日本文に合うものを（ ）内から選び，記号で答えなさい。

(1) 私は英語が好きです。 （ ）

I（ ア want イ like ウ speak ）English.

(2) あなたはピアノを弾きます。 （ ）

You（ ア play イ have ウ study ）the piano.

(3) 私はテレビでサッカーを見ます。 （ ）

I（ ア have イ watch ウ play ）soccer on TV.

(4) あなたはペンを持っています。 （ ）

You（ ア want イ know ウ have ）a pen.

(5) 私はテニスをします。 （ ）

I（ ア like イ study ウ play ）tennis.

② 次の日本文に合う英文になるように，＿＿＿に適する語を書きなさい。

(1) 私は数学を勉強します。

I ＿＿＿＿＿＿ math.

(2) 私は朝食にパンを食べます。

I ＿＿＿＿＿＿ bread for breakfast.

(3) あなたはお母さんを手伝います。

You ＿＿＿＿＿＿ your mother.

(4) あなたは中国語を話します。

You ＿＿＿＿＿＿ Chinese.

(5) 私はサムを知っています。

I ＿＿＿＿＿＿ Sam.

(6) 私はギターがほしいです。

I ＿＿＿＿＿＿ a guitar.

ヒント

① それぞれの動詞の意味を考える。
(2)「～を弾く[演奏する]」と言う場合，楽器の前には the がつく。
(3) on TV は「テレビで」という意味。

② 日本文の「～します」にあたる動詞を入れる。
(2) breakfast は「朝食」という意味。for breakfast で「朝食に」となる。
(4) Chinese は「中国語」という意味。

❸ 次の英文を日本文になおしなさい。

(1) I like animals.

(　　　　　　　　　　　　　　　　　　　　　　　　　　　　　　)

(2) You study English.

(　　　　　　　　　　　　　　　　　　　　　　　　　　　　　　)

(3) You play the violin.

(　　　　　　　　　　　　　　　　　　　　　　　　　　　　　　)

(4) I know your brother.

(　　　　　　　　　　　　　　　　　　　　　　　　　　　　　　)

❹ 次の日本文に合う英文になるように，（　）内の語を並べかえなさい。
[文頭の文字も小文字になっていることがあります]

(1) あなたはテレビを見ます。(watch / you / TV / .)

_____

(2) 私は友だちを手伝います。(friends / help / my / I / .)

_____

(3) 私はイヌを飼っています。(I / dog / a / have / .)

_____

(4) あなたはリンゴをほしがっています。(want / you / apple / an / .)

_____

❺ 次の日本文を英文になおしなさい。ただし，（　）内の語句を使うこと。

(1) 私は日本語を話します。(Japanese)

_____

(2) あなたには妹が１人います。(a sister)

_____

(3) 私は野球をします。(baseball)

_____

(4) あなたはネコが好きです。(cats)

_____

Do you ～?（疑問文）

Bi-11

答えと解き方 ➡ 別冊 p.7

ヒント

❶ あとに一般動詞があることに注意。
(3) volleyball は「バレーボール」という意味。

❶ 次の日本文に合うように（　）内から適するほうを選び，○でかこみなさい。

(1) あなたは日本語を話しますか。

（ Do / Are ）you speak Japanese?

(2) あなたは加奈を知っていますか。

（ Do / Are ）you know Kana?

(3) あなたはバレーボールをしますか。

（ Are / Do ）you play volleyball?

❷ 次の日本文に合う英文になるように，＿＿＿に適する語を書きなさい。

❷ 一般動詞の疑問文の語順に注意。
(1) fruit は「果物」という意味。
(2) French は「フランス語」という意味。

(1) あなたは果物が好きですか。

＿＿＿＿＿＿＿＿ you like fruit?

(2) あなたはフランス語を勉強しますか。

Do ＿＿＿＿＿＿＿ study French?

(3) あなたは自転車がほしいですか。

＿＿＿＿＿ ＿＿＿＿＿ want a bike?

❸ 次の文を疑問文に書きかえるとき，＿＿＿に適する語を書きなさい。

❸ you が主語の一般動詞の疑問文は Do で始める。

(1) You know my sister.

Do ＿＿＿＿＿＿＿ know my sister?

(2) You like music.

＿＿＿＿＿＿＿ ＿＿＿＿＿＿＿ like music?

(3) You speak Chinese.

＿＿＿＿＿＿＿ you ＿＿＿＿＿＿＿ Chinese?

(4) You play tennis.

＿＿＿＿＿＿＿ ＿＿＿＿＿＿＿ tennis?

❹ 次の英文を日本文になおしなさい。

(1) Do you like soccer?

(　　　　　　　　　　　　　　　　　　　　　　　　　)

(2) Do you help your father?

(　　　　　　　　　　　　　　　　　　　　　　　　　)

(3) Do you study Japanese?

(　　　　　　　　　　　　　　　　　　　　　　　　　)

(4) Do you have a pencil?

(　　　　　　　　　　　　　　　　　　　　　　　　　)

❺ 次の日本文に合う英文になるように，（　）内の語を並べかえなさい。
[文頭の文字も小文字になっていることがあります]

(1) あなたは韓国語を勉強しますか。(you / Korean / do / study / ?)

_____

(2) あなたはエマを知っていますか。(know / you / Emma / do / ?)

_____

(3) あなたは野球をしますか。(do / baseball / play / you / ?)

_____

(4) あなたはイヌがほしいですか。(dog / do / you / want / a / ?)

_____

❻ 次の日本文を英文になおしなさい。

(1) あなたはピアノを弾きますか。

_____

(2) あなたはジャック(Jack)を知っていますか。

_____

(3) あなたは英語が好きですか。

_____

(4) あなたはネコを１ぴき飼っていますか。

_____

Do you ～？ の答え方

Bi-12

答えと解き方 ➡ 別冊 p.8

❶ 次の日本文に合うものを（　）内から選び，記号で答えなさい。

(1) あなたは数学が好きですか。— はい，好きです。

Do you like math?　　　　　　　　（　　　）

— Yes, I（ ア do　 イ am　 ウ are ）.

(2) あなたはサッカーをしますか。— はい，します。

Do you play soccer?　　　　　　　（　　　）

— Yes,（ ア you do　 イ I do　 ウ I am ）.

(3) あなたはフランス語を話しますか。— いいえ，話しません。

Do you speak French?　　　　　　（　　　）

— No, I（ ア do　 イ not do　 ウ do not ）.

(4) あなたは咲を知っていますか。— いいえ，知りません。

Do you know Saki?　　　　　　　（　　　）

— No,（ ア I do　 イ I'm not　 ウ I don't ）.

❷ ＿＿ に適する語を書いて，答えの文を完成させなさい。

(1) Do you study English?

— ＿＿＿＿＿＿＿, I do.

(2) Do you play the flute?

— ＿＿＿＿＿＿＿, I do not.

(3) Do you like peaches?

— Yes, I ＿＿＿＿＿＿.

(4) Do you speak Japanese?

— No, I ＿＿＿＿＿ ＿＿＿＿＿.

(5) Do you know Ms. Green?

— No, I ＿＿＿＿＿.

ヒント

❶ (1) do を使ってたずねている。
(2)「あなたは～しますか」と聞かれているので，答えているのは「私」。
(3) No で答えるときの語順に注意。
(4) No で答えていることに注目。

❷ (1)答えが I do と肯定の意味になっている。
(2)答えが I do not と否定の意味になっている。flute は「フルート」という意味。
(3) Do you ～? の質問に Yes で答えている。peach は「モモ」という意味。
(4) Do you ～? の質問に No で答えている。
(5)空所の数に注意して，短縮形を使う。

❸ 次の日本文に合う英文になるように，（　）内の語を並べかえなさい。
[文頭の文字も小文字になっていることがあります]

(1) あなたは野球を見ますか。— はい，見ます。

Do you watch baseball? — (I / , / do / yes / .)

_____

(2) あなたはペットがほしいですか。— いいえ，ほしくありません。

Do you want a pet? — (not / I / do / no / , / .)

_____

(3) あなたは浩二を知っていますか。— いいえ，知りません。

Do you know Koji? — (no / , / don't / I / .)

_____

❹ あなたが次のような質問をされた場合の答えを（　）内の語を使って答えなさい。

(1) Do you help your family?（Yes）

— _____

(2) Do you play basketball?（No）

— _____

(3) Do you like carrots?（No）

— _____

❺ 次の下線部の日本文を英文になおしなさい。

(1) あなたは納豆を食べますか。— はい，食べます。

Do you eat *natto*? — _____

(2) あなたはトランペットを演奏しますか。— いいえ，しません。

Do you play the trumpet? — _____

❻ 次の質問に，あなた自身の立場で英語で答えなさい。

Do you play the piano? — _____

13 I[You] don't 〜.（否定文）

Bi-13

答えと解き方 ➡ 別冊 p.8

❶ 次の日本文に合うものを（ ）内から選び，記号で答えなさい。

(1) 私は日本語を話しません。 （ ）

I（ア do　イ am　ウ is）not speak Japanese.

(2) 私は田中先生を知りません。 （ ）

I（ア do not　イ not do　ウ not）know Ms. Tanaka.

(3) あなたはギターを弾きません。 （ ）

You（ア not　イ don't　ウ do）play the guitar.

❷ 次の日本文に合う英文になるように，＿＿に適する語を書きなさい。

(1) あなたは卵を食べません。

You ＿＿＿＿＿＿＿ not eat eggs.

(2) 私はテニスをしません。

I ＿＿＿＿＿＿ ＿＿＿＿＿＿ play tennis.

(3) 私は毎週日曜日には英語を勉強しません。

I ＿＿＿＿＿＿ study English on Sundays.

❸ 次の文を否定文に書きかえるとき，＿＿に適する語を書きなさい。

(1) I have a cap.

I ＿＿＿＿＿＿ not have a cap.

(2) I watch TV.

I ＿＿＿＿＿＿ ＿＿＿＿＿＿ watch TV.

(3) You like bananas.

You ＿＿＿＿＿＿ not ＿＿＿＿＿＿ bananas.

(4) You know my cousin.

You ＿＿＿＿＿＿ ＿＿＿＿＿＿ my cousin.

❶ヒント
❶ (1) 一般動詞のspeak が使われている。
(2)一般動詞の否定文の語順に注意。
(3) 前後に do や not がないことに注目。

❷ (1) egg は「卵」という意味。
(2)一般動詞の否定文の語順に注意。
(3)空所が1つだけなので，短縮形を使う。on Sundays は「（毎週）日曜日に」という意味。

❸ (1)一般動詞の否定文では do を使う。
(2)語順に注意。
(3) banana は「バナナ」という意味。
(4)空所が2つだけなので，短縮形を使う。

28

4 次の英文を日本文になおしなさい。

(1) I do not study French.

(　　　　　　　　　　　　　　　　　　　　　　　　　　　　　)

(2) You do not like science.

(　　　　　　　　　　　　　　　　　　　　　　　　　　　　　)

(3) You don't have a pet.

(　　　　　　　　　　　　　　　　　　　　　　　　　　　　　)

(4) I don't play the violin.

(　　　　　　　　　　　　　　　　　　　　　　　　　　　　　)

5 次の日本文に合う英文になるように，（　）内の語句を並べかえなさい。
[文頭の文字も小文字になっていることがあります]

(1) あなたは卓球をしません。(do / play / you / not / table tennis / .)

――――――――――――――――――――――――――――――――――

(2) 私は野菜が好きではありません。(like / do / vegetables / I / not / .)

――――――――――――――――――――――――――――――――――

(3) 私は新しいかばんがほしくありません。(new bag / I / a / want / don't / .)

――――――――――――――――――――――――――――――――――

(4) あなたは中国語を話しません。(don't / Chinese / you / speak / .)

――――――――――――――――――――――――――――――――――

6 次の日本文を英文になおしなさい。

(1) あなたはギターを弾きません。

――――――――――――――――――――――――――――――――――

(2) あなたはウィルソン先生(Mr. Wilson)を知りません。

――――――――――――――――――――――――――――――――――

(3) 私はサッカーを見ません。

――――――――――――――――――――――――――――――――――

(4) 私は動物が好きではありません。

らくらく
マルつけ

Ba-13

OUTPUT!

14

He[She]で始まる一般動詞の文

Bi-14

答えと解き方 ➡ 別冊 p.9

💡**ヒント**

① 次の日本文に合うように（ ）内から適するほうを選び，〇でかこみなさい。

(1) 彼はバスケットボールをします。

He (play / plays) basketball.

(2) 彼女は東京に住んでいます。

She (lives / live) in Tokyo.

(3) 彼はナンシーを知っています。

He (knows / know) Nancy.

(4) 彼女はコーヒーを飲みます。

She (drink / drinks) coffee.

① 主語が he や she などの現在の文では，一般動詞の語尾の形が変化する。
(2) live in 〜で「〜に住んでいる」という意味。
(4) drink は「〜を飲む」，coffee は「コーヒー」という意味。

② 次の日本文に合う英文になるように，＿＿＿に適する語を書きなさい。

(1) 彼女は英語を話します。

She ＿＿＿＿＿＿ English.

(2) 彼は数学が好きです。

He ＿＿＿＿＿＿ math.

(3) 彼女は定規を１つほしがっています。

She ＿＿＿＿＿＿ a ruler.

② 動詞の形に注意。
(3) ruler は「定規」という意味。

③ 次の文を〔 〕内の指示にしたがって書きかえるとき，＿＿＿に適する語を書きなさい。

(1) I listen to music.〔下線部を He にかえて〕

He ＿＿＿＿＿＿ to music.

(2) You practice *judo*.〔下線部を She にかえて〕

She ＿＿＿＿＿＿ *judo*.

③ 主語に合わせて動詞の形をかえる。
(1) listen to 〜は「〜を聞く」という意味。
(2) practice は「〜を練習する」という意味。

4 次の英文を日本文になおしなさい。

(1) She plays tennis.

(　　　　　　　　　　　　　　　　　　　　　　　　　　　　　)

(2) He eats bananas.

(　　　　　　　　　　　　　　　　　　　　　　　　　　　　　)

(3) She uses this computer.

(　　　　　　　　　　　　　　　　　　　　　　　　　　　　　)

(4) He wants a notebook.

(　　　　　　　　　　　　　　　　　　　　　　　　　　　　　)

5 次の日本文に合う英文になるように，（　）内の語を並べかえなさい。
[文頭の文字も小文字になっていることがあります]

(1) 彼は美術が好きです。(art / he / likes / .)

_____

(2) 彼女は日本語を話します。(she / Japanese / speaks / .)

_____

(3) 彼女は牛乳を飲みます。(milk / drinks / she / .)

_____

(4) 彼はカナダに住んでいます。(lives / Canada / he / in / .)

_____

6 次の日本文を英文になおしなさい。

(1) 彼はトム（Tom）を知っています。

_____

(2) 彼女はフルートを演奏します。

_____

(3) 彼女は野菜が好きです。

_____

(4) 彼はサッカーを練習します。

_____

OUTPUT! 15

3人称・単数・現在形の動詞の形

ちょこっとインプット

Bi-15

答えと解き方 ➡ 別冊 p.10

❶ 次の動詞の3人称・単数・現在形を書きなさい。

(1) like _____ (2) play _____

(3) know _____ (4) help _____

(5) watch _____ (6) go _____

(7) teach _____ (8) study _____

(9) try _____ (10) have _____

❷ 次の左の語と下線部の発音が同じものを（ ）内から選び，記号で答えなさい。

(1) speak<u>s</u> （ア play<u>s</u> イ clean<u>s</u> ウ like<u>s</u>）（　　　）

(2) watch<u>es</u> （ア use<u>s</u> イ goe<u>s</u> ウ know<u>s</u>）（　　　）

(3) live<u>s</u> （ア help<u>s</u> イ play<u>s</u> ウ teach<u>es</u>）（　　　）

❸ 次の日本文に合う英文になるように，（ ）内の語を適する形になおして＿＿に書きなさい。

(1) 彼女はお母さんを手伝います。

She _____ her mother. (help)

(2) 彼は7時に学校に行きます。

He _____ to school at seven. (go)

(3) 彼女は歴史を勉強します。

She _____ history. (study)

(4) 彼は朝にテレビを見ます。

He _____ TV in the morning. (watch)

(5) 彼女はウサギを1ぴき飼っています。

She _____ a rabbit. (have)

ヒント

❶ 3人称・単数・現在形の s, es のつけ方

①大部分の語
→ s をつける

②語尾が s, sh, ch, x, o の語
→ es をつける

③語尾が〈子音字＋y〉の語
→ y を i にかえて es をつける

④不規則変化する語
例：have

❷ s, es の発音
①語尾が [k], [p], [f], [t] など
→ [s]

②語尾が [s], [z], [ʃ], [tʃ], [dʒ] など
→ [ɪz]

③その他の語→ [z]

❸ 動詞に s, es をつけるときは，動詞の語尾に注意。
(2) go to 〜 は「〜に行く」, at 〜 は「〜時に」という意味。
(3) history は「歴史」という意味。
(4) in the morning は「朝[午前中]に」という意味。
(5) have は不規則に変化する動詞。

❹ 次の文を〔 〕内の指示にしたがって書きかえるとき，＿＿＿ に適する語を書きなさい。

(1) I speak Japanese.〔下線部を He にかえて〕

He ＿＿＿＿＿＿＿＿＿ Japanese.

(2) You teach science.〔下線部を She にかえて〕

She ＿＿＿＿＿＿＿＿＿ science.

(3) She watches baseball on TV.〔下線部を I にかえて〕

I ＿＿＿＿＿＿＿＿＿ baseball on TV.

(4) He has a brother.〔下線部を You にかえて〕

You ＿＿＿＿＿＿＿＿＿ a brother.

❺ 次の英文を日本文になおしなさい。

(1) She studies Chinese.

(　　　　　　　　　　　　　　　　　　　　　　　　　)

(2) She goes to the library on Sundays.

(　　　　　　　　　　　　　　　　　　　　　　　　　)

(3) He has a racket.

(　　　　　　　　　　　　　　　　　　　　　　　　　)

(4) He teaches math.

(　　　　　　　　　　　　　　　　　　　　　　　　　)

❻ 次の日本文を英文になおしなさい。ただし，（ ）内の語句を使うこと。

(1) 彼は音楽を聞きます。(to music)

＿＿＿＿＿＿＿＿＿＿＿＿＿＿＿＿＿＿＿＿＿＿＿＿＿＿＿＿＿

(2) 彼女は毎日英語を勉強します。(every day)

＿＿＿＿＿＿＿＿＿＿＿＿＿＿＿＿＿＿＿＿＿＿＿＿＿＿＿＿＿

(3) 彼女には兄が2人います。(two brothers)

＿＿＿＿＿＿＿＿＿＿＿＿＿＿＿＿＿＿＿＿＿＿＿＿＿＿＿＿＿

(4) 彼は自転車で学校に行きます。(by bike)

＿＿＿＿＿＿＿＿＿＿＿＿＿＿＿＿＿＿＿＿＿＿＿＿＿＿＿＿＿

らくらく
マルつけ

Ba-15

33

Bi-16

Does he[she] ～？(疑問文)

答えと解き方 ➡ 別冊 p.10

① 次の日本文に合うように（　）内から適するほうを選び，〇でかこみなさい。

(1) 彼はオーストラリアに住んでいますか。

(Does / Do) he live in Australia?

(2) 彼女は韓国語を勉強しますか。

(Do / Does) she study Korean?

(3) 彼は毎日料理をしますか。

Does he (cook / cooks) every day?

(4) 彼女はぼうしを持っていますか。

Does she (has / have) a hat?

② 次の日本文に合う英文になるように，＿＿＿に適する語を書きなさい。

(1) 彼女は斎藤先生を知っていますか。

＿＿＿＿＿＿＿ she know Mr. Saito?

(2) 彼は日本語を話しますか。

＿＿＿＿＿＿＿ ＿＿＿＿＿＿＿ speak Japanese?

(3) 彼はこのペンを使いますか。

＿＿＿＿＿＿＿ he ＿＿＿＿＿＿＿ this pen?

③ 次の文を疑問文に書きかえるとき，＿＿＿に適する語を書きなさい。

(1) He likes animals.

＿＿＿＿＿＿＿ ＿＿＿＿＿＿＿ like animals?

(2) She teaches English.

＿＿＿＿＿＿＿ she ＿＿＿＿＿＿＿ English?

(3) She cleans her room.

＿＿＿＿＿＿＿ ＿＿＿＿＿＿＿ ＿＿＿＿＿＿＿ her room?

ヒント

① 主語が he[she] であることに注目。3人称・単数・現在の一般動詞の疑問文では，動詞の原形が使われる。

② (1) 3人称・単数・現在の一般動詞の疑問文では does が使われる。
(2)疑問文の語順に注意。
(3)動詞は原形を使う。

③ 3人称・単数・現在の一般動詞の疑問文は Does で始める。
(3) room は「部屋」という意味。

4 次の英文を日本文になおしなさい。

(1) Does he play the guitar?

(　　　　　　　　　　　　　　　　　　　　　　　　　　　　　)

(2) Does he go to school by bus?

(　　　　　　　　　　　　　　　　　　　　　　　　　　　　　)

(3) Does she listen to music?

(　　　　　　　　　　　　　　　　　　　　　　　　　　　　　)

(4) Does she study French?

(　　　　　　　　　　　　　　　　　　　　　　　　　　　　　)

5 次の日本文に合う英文になるように，（　）内の語句を並べかえなさい。
[文頭の文字も小文字になっていることがあります]

(1) 彼女は本を読みますか。(she / read / does / books / ?)

_____

(2) 彼は歴史を教えていますか。(history / does / teach / he / ?)

_____

(3) 彼はおばあさんを手伝いますか。(does / his grandmother / he / help / ?)

_____

(4) 彼女は毎日テレビを見ますか。(watch / every day / does / TV / she / ?)

_____

6 次の日本文を英文になおしなさい。ただし，（　）内の語句を使うこと。

(1) 彼女は卓球をしますか。(table tennis)

_____

(2) 彼女はパリに住んでいますか。(Paris)

_____

(3) 彼はコンピューターを持っていますか。(a computer)

_____

(4) 彼は中国語を勉強しますか。(Chinese)

_____

らくらく
マルつけ

Ba-16

Does he[she] 〜? の答え方

Bi-17

答えと解き方 ➡ 別冊 p.11

❶ 次の日本文に合うものを（　）内から選び，記号で答えなさい。

(1) 彼はサッカーが好きですか。— はい，好きです。

Does he like soccer?　　　　　　　　（　　　　）

— Yes, he (ア do　　イ does　　ウ is).

(2) 彼女はギターを弾きますか。— はい，弾きます。

Does she play the guitar?　　　　　（　　　　）

— Yes, she (ア do　　イ does not　　ウ does).

(3) 彼女は日本語を話しますか。— いいえ，話しません。

Does she speak Japanese?　　　　　（　　　　）

— No, she (ア do not　　イ does　　ウ does not).

(4) 彼はこの部屋を掃除しますか。— いいえ，しません。

Does he clean this room?　　　　　（　　　　）

— No, he (ア doesn't　　イ don't　　ウ does).

❷ ＿＿ に適する語を書いて，答えの文を完成させなさい。

(1) Does she make breakfast?

　— ＿＿＿＿＿＿＿, she does.

(2) Does he know your father?

　— ＿＿＿＿＿＿＿, he does not.

(3) Does he teach music?

　— Yes, he ＿＿＿＿＿＿.

(4) Does she watch TV?

　— No, she ＿＿＿＿＿＿ ＿＿＿＿＿＿.

(5) Does she go to school by bike?

　— No, she ＿＿＿＿＿.

ヒント

❶ (1)(2) does を使ってたずねている。
(3)(4) No と答えている。

❷ (1) 答 え が she does と肯定の意味になっている。make は「〜 を 作 る」，breakfast は「朝食」という意味。
(2) 答 え が he does not と否定の意味になっている。
(3) Does he 〜? の質問に Yes で答えている。
(4) Does she 〜? の質問に No で答えている。
(5) 空所の数に注意して，短縮形を使う。

❸ 次の日本文に合う英文になるように，（　）内の語を並べかえなさい。
[文頭の文字も小文字になっていることがあります]

(1) 彼は毎日朝食を食べますか。— はい，食べます。

Does he have breakfast every day? — (he / yes / , / does / .)

_____

(2) 彼はバスケットボールをしますか。— いいえ，しません。

Does he play basketball? — (does / , / he / no / not / .)

_____

(3) 彼女はピアノをほしがっていますか。— いいえ，ほしがっていません。

Does she want a piano? — (she / no / doesn't / , / .)

_____

❹ 次の疑問文に（　）内の語を使って答えなさい。

(1) Does he get up at six? (Yes)

— _____

(2) Does she have a cat? (Yes)

— _____

(3) Does she use this cup? (No)

— _____

(4) Does he live in New York? (No)

— _____

❺ 次の下線部の日本文を英文になおしなさい。

(1) 彼女は数学を教えていますか。— はい，教えています。

Does she teach math? — _____

(2) 彼はアリスを知っていますか。— はい，知っています。

Does he know Alice? — _____

(3) 彼は毎週土曜日に働きますか。— いいえ，働きません。

Does he work on Saturdays?

— _____

らくらく
マルつけ

Ba-17

37

Bi-18

18 He[She] doesn't 〜.(否定文)

答えと解き方➡別冊 p.11

① 次の日本文に合うように（ ）内から適するほうを選び，〇でかこみなさい。

(1) 彼は野球をしません。

He (does / do) not play baseball.

(2) 彼はコーヒーを飲みません。

He does not (drink / drinks) coffee.

(3) 彼女は英語を話しません。

She (don't / doesn't) speak English.

② 次の日本文に合う英文になるように，＿＿＿に適する語を書きなさい。

(1) 彼女は料理をしません。

She ＿＿＿＿＿＿ not cook.

(2) 彼は家で本を読みません。

He ＿＿＿＿＿＿ ＿＿＿＿＿＿ read books at home.

(3) 彼女はペンを持っていません。

She ＿＿＿＿＿＿ have a pen.

③ 次の文を否定文に書きかえるとき，＿＿＿に適する語を書きなさい。

(1) She likes science very much.

She ＿＿＿＿＿＿ not like science very much.

(2) He listens to music.

He ＿＿＿＿＿＿ ＿＿＿＿＿＿ listen to music.

(3) He studies Japanese every day.

He ＿＿＿＿＿＿ not ＿＿＿＿＿＿ Japanese every day.

(4) She watches TV after school.

She ＿＿＿＿＿＿ ＿＿＿＿＿＿ TV after school.

🖐ヒント

①(1)主語が he であることに注目。
(2)3人称・単数・現在の一般動詞の否定文では，動詞の原形が使われる。
(3)主語が she であることに注目。

②(1)3人称・単数・現在の一般動詞の否定文では does が使われる。
(2)否定文の語順に注意。at home は「家で[に]」という意味。
(3)空所が1つだけなので，短縮形を使う。

③(1) very much は「とても」という意味。否定文では「あまり」という意味になる。
(2)語順に注意。
(3)動詞の形がかわることに注意。
(4)空所が2つだけなので，短縮形を使う。after school は「放課後」という意味。

4 次の英文を日本文になおしなさい。

(1) He does not use this computer.

(　　　　　　　　　　　　　　　　　　　　　　　　　　　　)

(2) She does not play the trumpet.

(　　　　　　　　　　　　　　　　　　　　　　　　　　　　)

(3) He doesn't know my mother.

(　　　　　　　　　　　　　　　　　　　　　　　　　　　　)

(4) She doesn't teach art.

(　　　　　　　　　　　　　　　　　　　　　　　　　　　　)

5 次の日本文に合う英文になるように，（ ）内の語を並べかえなさい。
[文頭の文字も小文字になっていることがあります]

(1) 彼女はトマトを食べません。(tomatoes / she / not / eat / does / .)

_____

(2) 彼はバレーボールを練習しません。(practice / does / he / not / volleyball / .)

_____

(3) 彼は辞書を持っていません。(a / he / have / doesn't / dictionary / .)

_____

(4) 彼女は日本に住んでいません。(Japan / doesn't / live / she / in / .)

_____

6 次の日本文を英文になおしなさい。ただし，(3)・(4)は（ ）内の語句を使うこと。

(1) 彼女は中国語を話しません。

_____

(2) 彼はこの部屋を掃除しません。

_____

(3) 彼は毎週土曜日には英語を勉強しません。(on Saturdays)

_____

(4) 彼女は日本語の本を読みません。(Japanese books)

_____

OUTPUT! 19 いろいろな代名詞

Bi-19

答えと解き方➡別冊 p.12

❶ 次の日本文に合うものを（ ）内から選び，記号で答えなさい。

(1) 彼女は学生ですか。 （ ）

Is（ア she　イ her　ウ hers）a student?

(2) こちらは私たちの先生です。 （ ）

This is（ア we　イ our　ウ us）teacher.

(3) 私は彼らを知りません。 （ ）

I don't know（ア they　イ their　ウ them）.

(4) この本はあなたのものですか。 （ ）

Is this book（ア you　イ yours　ウ your）?

❷ 次の文の＿＿＿に，（ ）内の語を適する形になおして書きなさい。
なおす必要がない場合はそのまま書きなさい。

(1) I like ＿＿＿＿＿＿＿. (he)

(2) ＿＿＿＿＿＿＿ father is a doctor. (She)

(3) This is my bike. ＿＿＿＿＿＿＿ is new. (It)

(4) Is that bag ＿＿＿＿＿＿＿? (he)

(5) Do you know ＿＿＿＿＿＿＿? (I)

❸ 次の文を〔 〕内の指示にしたがって書きかえるとき，＿＿＿に適
する語を書きなさい。

(1) You and Tom are brothers.〔下線部を1語の代名詞にかえて〕

＿＿＿＿＿＿＿ are brothers.

(2) Do you know Mai and me?〔下線部を1語の代名詞にかえて〕

Do you know ＿＿＿＿＿＿＿?

(3) That house is theirs.〔ほぼ同じ意味を表す文に〕

That is ＿＿＿＿＿＿＿ house.

ヒント

❶ (1)「彼女は」を表す語を選ぶ。
(2)「私たちの」を表す語を選ぶ。
(3)「彼らを」を表す語を選ぶ。
(4)「あなたのもの」を表す語を選ぶ。

❷ (1)(5)動詞の目的語になっている。
(2)あとに名詞が続いている。
(3)文の主語になっている。
(4)あとに名詞がないことに注目。

❸ (1)下線部は「あなたとトム」という意味。
(2)下線部は「マイと私」という意味。
(3)あとに名詞が続く形にかえる。

4 次の英文を日本文になおしなさい。

(1) That cup is mine.

  (   )

(2) His dog is cute.

  (   )

(3) Do you go to school with her?

  (   )

(4) Are these your pens?

  (   )

5 次の日本文に合う英文になるように，＿＿＿＿に適する語を書きなさい。

(1) あなたは私の名前を知っていますか。

  Do you know ＿＿＿＿＿＿＿＿＿ name?

(2) 私はネコを飼っています。その目は青いです。

  I have a cat. ＿＿＿＿＿＿＿＿＿ eyes are blue.

(3) あの車は私たちのものです。

  That car is ＿＿＿＿＿＿＿＿ .

(4) トムは彼らが好きです。

  Tom likes ＿＿＿＿＿＿＿＿ .

6 次の日本文を英文になおしなさい。

(1) このバイオリンは彼女のものです。

  ＿＿＿＿＿＿＿＿＿＿＿＿＿＿＿＿＿＿＿＿＿＿＿＿＿＿＿＿＿＿＿＿＿＿＿＿

(2) 森先生（Mr. Mori）はあなたたちの英語の先生ですか。

  ＿＿＿＿＿＿＿＿＿＿＿＿＿＿＿＿＿＿＿＿＿＿＿＿＿＿＿＿＿＿＿＿＿＿＿＿

(3) 彼は自分の部屋を掃除します。

  ＿＿＿＿＿＿＿＿＿＿＿＿＿＿＿＿＿＿＿＿＿＿＿＿＿＿＿＿＿＿＿＿＿＿＿＿

(4) 彼女は私たちを知りません。

  ＿＿＿＿＿＿＿＿＿＿＿＿＿＿＿＿＿＿＿＿＿＿＿＿＿＿＿＿＿＿＿＿＿＿＿＿

OUTPUT! 20

いろいろな形容詞

Bi-20

答えと解き方 ➡ 別冊 p.13

❶ 次の文の下線部の語と反対の意味を表す語を____に書きなさい。

(1) This watch is <u>new</u>.

(2) You have a <u>short</u> pencil.

(3) This is a <u>difficult</u> question.

(4) This is a <u>large</u> park.

❷ （　）内の語を適する位置に加えて，全文を書きかえなさい。

(1) This is a dog.（big）

(2) He is a boy.（kind）

(3) I have a book.（interesting）

(4) That car is mine.（old）

❸ 次の文をほぼ同じ意味を表す文に書きかえるとき，____に適する語を書きなさい。

(1) That is a tall tree.

That _____ is _____.

(2) This is a nice shirt.

This _____ is _____.

(3) That is a popular actor.

That _____ is _____.

(4) This is a beautiful cup.

This _____ is _____.

ヒント

❶ (1)「新しい」⇔「古い」watch は「腕時計」という意味。
(2)「短い」⇔「長い」
(3)「難しい」⇔「簡単な」question は「問題，質問」という意味。
(4)「大きい」⇔「小さい」

❷ 形容詞は，名詞の前に置いてその名詞を修飾する使い方がある。

❸ 形容詞は，be 動詞のあとに置いて主語を説明する使い方がある。
(1) tall は「背が高い」という意味。
(2) nice は「すてきな，よい」という意味。
(3) popular は「人気のある」という意味。
(4) beautiful は「美しい」という意味。

4 次の英文を日本文になおしなさい。

(1) This is a new bike.

(　　　　　　　　　　　　　　　　　　　　　　　　　)

(2) She is a famous singer.

(　　　　　　　　　　　　　　　　　　　　　　　　　)

(3) My bag is small.

(　　　　　　　　　　　　　　　　　　　　　　　　　)

(4) That bird is beautiful.

(　　　　　　　　　　　　　　　　　　　　　　　　　)

5 次の日本文に合う英文になるように，（ ）内の語句を並べかえなさい。
[文頭の文字も小文字になっていることがあります]

(1) あなたたちの先生は若いです。(is / teacher / young / your / .)

_____

(2) 彼はじょうずなバスケットボール選手です。

(he / basketball player / a / good / is / .)

_____

(3) これらは人気のある歌です。(popular / are / songs / these / .)

_____

(4) 私はあの背の高い女の子を知っています。(that / know / girl / I / tall / .)

_____

6 次の日本文を英文になおしなさい。ただし，（ ）内の語を使うこと。

(1) これは古い寺です。(temple)

_____

(2) あのウサギはかわいいです。(cute)

_____

(3) 彼女は1体の美しい人形を持っています。(doll)

_____

(4) この映画はわくわくさせるものです。(exciting)

_____

らくらく
マルつけ

Ba-20

43

OUTPUT!
21

いろいろな副詞

Bi-21

答えと解き方 → 別冊 p.13

❶ 次の日本文に合うものを（ ）内から選び，記号で答えなさい。

(1) 私はときどき学校へ歩いていきます。 （　　）

I （ ア always　　イ sometimes ） walk to school.

(2) 彼女はじょうずに日本語を話します。 （　　）

She speaks Japanese （ ア well　　イ good ）.

(3) あなたは早く起きますか。 （　　）

Do you get up （ ア early　　イ fast ）?

(4) 彼は速く泳ぎます。 （　　）

He swims （ ア early　　イ fast ）.

❷ 次の日本文に合う英文になるように， ___ に適する語を書きなさい。

(1) 私の母はたいてい11時に寝ます。

My mother _____ goes to bed at eleven.

(2) 私はとても速く歩きます。

I walk _____ fast.

❸ （ ）内の語を適する位置に加えて，全文を書きかえなさい。

(1) I watch soccer. (often)

_____

(2) He is friendly. (always)

_____

(3) This school is old. (very)

_____

(4) You play the guitar. (well)

_____

ヒント

❶ (1)どちらも頻度を表す副詞。 walk to ～は「～へ歩いていく」という意味。
(2) well は 副 詞，good は形容詞。
(3)(4)「(時間が)早く」と「(速度が)速く」を区別する。

❷ (1)「たいてい」という意味の頻度を表す語を入れる。go to bed は「寝る」という意味。
(2)「とても」という意味の副詞を修飾する語を入れる。

❸ (1)(2)頻度を表す副詞は一般動詞の前，be 動詞のあとに置く。friendly は「親しみやすい」という意味。
(3)副 詞 very は〈very ＋形容詞〉の形で形容詞を修飾する。
(4)動詞を修飾する副詞は〈動詞(＋目的語)〉のあとに置く。

4 次の英文を日本文になおしなさい。

(1) That is a very famous singer.

(　　　　　　　　　　　　　　　　　　　　　　　　　　　　　　　)

(2) I always get up at six.

(　　　　　　　　　　　　　　　　　　　　　　　　　　　　　　　)

(3) You know my sister well.

(　　　　　　　　　　　　　　　　　　　　　　　　　　　　　　　)

(4) She usually comes to school early.

(　　　　　　　　　　　　　　　　　　　　　　　　　　　　　　　)

5 次の日本文に合う英文になるように，（　）内の語を並べかえなさい。
[文頭の文字も小文字になっていることがあります]

(1) 彼はじょうずに歌います。(well / he / sings / .)

(2) 私の母はいつもいそがしいです。(is / mother / busy / always / my / .)

(3) 私たちはよくテニスをします。(often / tennis / play / we / .)

(4) この絵はとても美しいです。(beautiful / this / very / picture / is / .)

6 次の日本文を英文になおしなさい。ただし，（　）内の語句を使うこと。

(1) 私はときどき眠いです。(sleepy)

(2) 彼は速く走りますか。(run)

(3) あなたはよく自分の部屋を掃除します。(your room)

(4) 彼女はとてもじょうずにピアノを弾きます。(the piano)

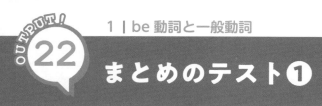

OUTPUT! 22 まとめのテスト❶

/ 100 点

答えと解き方 ➡ 別冊 p.14

❶ 次の日本文に合うものを（　）内から選び，記号で答えなさい。[2点×4＝8点]

(1) これは筆箱です。

This（ア are　イ am　ウ is）a pencil case.　　　　　（　　　　）

(2) 彼らはあなたのクラスメートですか。

（ア Are　イ Do　ウ Is）they your classmates?　　　（　　　　）

(3) 彼女は7時に学校に行きますか。— いいえ，行きません。

Does she go to school at seven?

— No, she（ア doesn't　イ isn't　ウ don't）.　　　（　　　　）

(4) 私はあの女の子を知りません。

I（ア am not　イ don't　ウ doesn't）know that girl.　（　　　　）

❷ 次の日本文に合う英文になるように，＿＿に適する語を書きなさい。[4点×3＝12点]

(1) あなたはフランス出身ではありません。

You ＿＿＿＿＿＿ from France.

(2) 彼はいつも10時に寝ます。

He ＿＿＿＿＿＿ ＿＿＿＿＿＿ to bed at ten.

(3) あなたは彼らが好きですか。

＿＿＿＿＿＿ you like ＿＿＿＿＿＿ ?

❸ 次の文を〔　〕内の指示にしたがって書きかえるとき，＿＿に適する語を書きなさい。

[4点×3＝12点]

(1) That is an elephant.〔下線部を elephants にかえて〕

＿＿＿＿＿＿ ＿＿＿＿＿＿ elephants.

(2) He is free.〔sometimes を加えて〕

He ＿＿＿＿＿＿ ＿＿＿＿＿＿ free.

(3) She is a math teacher.〔ほぼ同じ意味を表す文に〕

She ＿＿＿＿＿＿ math.

4 次の英文を日本文になおしなさい。[5点×4＝20点]

(1) This racket is yours.

 (   )

(2) Do you often practice the guitar? — Yes, I do.

 (   )—(   )

(3) He is a very popular actor.

 (   )

(4) She doesn't live in Tokyo.

 (   )

5 次の日本文に合う英文になるように，（　）内の語句を並べかえなさい。[5点×4＝20点]
[文頭の文字も小文字になっていることがあります]

(1) これらはいすですか。(these / chairs / are / ?)

_____

(2) 私はたいていバスで図書館に行きます。

(the library / usually / go to / I) by bus.

_____ by bus.

(3) あちらは私たちの先生ではありません。(teacher / not / that / our / is / .)

_____

(4) 彼は速く泳ぎますか。(swim / does / fast / he / ?)

_____

6 次の日本文を英文になおしなさい。[7点×4＝28点]

(1) あなたは彼女を知っていますか。

_____

(2) 彼はとてもじょうずにサッカーをします。

_____

(3) 私たちはいつもいそがしいです。

_____

(4) 彼女は車を（1台）持っています。

_____

OUTPUT! 23 いろいろな前置詞❶

Bi-23

答えと解き方 ➡ 別冊 p.14

❶ 次の日本文に合うものを（ ）内から選び，記号で答えなさい。

(1) 私は毎朝6時に起きます。 （ ）

I get up（ ア at　イ on ）six every morning.

(2) あなたは冬にスキーをしますか。 （ ）

Do you ski（ ア with　イ in ）winter?

(3) 私たちは5月に運動会があります。 （ ）

We have a field day（ ア in　イ to ）May.

(4) 彼は毎週土曜日はいそがしいです。 （ ）

He is busy（ ア by　イ on ）Saturdays.

(5) 彼女は放課後にテニスをします。 （ ）

She plays tennis（ ア before　イ after ）school.

(6) 私は夕食の前に手を洗います。 （ ）

I wash my hands（ ア before　イ after ）dinner.

❷ 次の日本文に合う英文になるように，＿＿＿に at，on，in のいずれか適する語を書きなさい。

(1) 彼女は7時30分に家を出ます。

She leaves home ＿＿＿＿ seven thirty.

(2) 私は毎週日曜日には学校に行きません。

I don't go to school ＿＿＿＿ Sundays.

(3) 12月にはクリスマスがあります。

We have Christmas ＿＿＿＿ December.

(4) 父は正午に昼食を食べます。

My father eats lunch ＿＿＿＿ noon.

(5) あなたは朝，テレビを見ますか。

Do you watch TV ＿＿＿＿ the morning?

ヒント

❶「時刻」などの時の一点は at，「曜日」「日付」など特定の日は on，「季節」「月」「年」などの幅のある時間は in で表す。
(2) ski は「スキーをする」という意味。
(3) field day は「運動会」という意味。
(5)「放課後」=「学校のあとに」と考える。
(6) wash は「～を洗う」，hand は「手」という意味。

❷ (1)あとに「時刻」が続く。leave home は「家を出る」という意味。
(2)あとに「曜日」が続く。
(3)あとに「月」が続く。Christmas は「クリスマス」という意味。
(4)noon は「正午(=昼の12時)」という意味なので，「時刻」を表している。
(5)morning は「朝，午前中」という意味なので，幅のある時間を表している。

❸ 下の表は中学生の紗世のスケジュールです。これに合う英文になるように，＿＿＿に適する語を書きなさい。

放課後	図書館で勉強
６：００	帰宅
６：３０	テレビを見る
７：３０	夕食
９：３０	風呂に入る
10：３０	就寝

(1) Sayo studies in the library ＿＿＿＿＿＿ ＿＿＿＿＿＿ .

(2) Sayo ＿＿＿＿＿＿ TV ＿＿＿＿＿＿ dinner.

(3) Sayo ＿＿＿＿＿＿ a bath ＿＿＿＿＿＿ dinner.

(4) Sayo goes to bed ＿＿＿＿＿＿ ＿＿＿＿＿＿ thirty.

❹ 次の日本文に合う英文になるように，（ ）内の語句を並べかえなさい。
[文頭の文字も小文字になっていることがあります]

(1) 私の父は５時40分に起きます。(forty / father / at / my / gets up / five / .)

＿＿＿＿＿＿＿＿＿＿＿＿＿＿＿＿＿＿＿＿＿＿＿＿＿＿＿

(2) 私は午後に宿題をします。(my homework / the afternoon / I / in / do / .)

＿＿＿＿＿＿＿＿＿＿＿＿＿＿＿＿＿＿＿＿＿＿＿＿＿＿＿

(3) あなたは毎週月曜日にサッカーをしますか。
(play / Mondays / you / do / soccer / on / ?)

＿＿＿＿＿＿＿＿＿＿＿＿＿＿＿＿＿＿＿＿＿＿＿＿＿＿＿

(4) 私たちは夏に海で泳ぎます。(in the sea / summer / swim / we / in / .)

＿＿＿＿＿＿＿＿＿＿＿＿＿＿＿＿＿＿＿＿＿＿＿＿＿＿＿

❺ 次の日本文を英文になおしなさい。ただし，（ ）内の語を使うこと。

(1) 私は朝食の前に英語を勉強します。(breakfast)

＿＿＿＿＿＿＿＿＿＿＿＿＿＿＿＿＿＿＿＿＿＿＿＿＿＿＿

(2) あなたは８時に夕食を食べますか。(have)

＿＿＿＿＿＿＿＿＿＿＿＿＿＿＿＿＿＿＿＿＿＿＿＿＿＿＿

(3) 彼女は水曜日は働きません。(work)

＿＿＿＿＿＿＿＿＿＿＿＿＿＿＿＿＿＿＿＿＿＿＿＿＿＿＿

(4) 彼らは春に京都を訪れます。(visit)

らくらく
マルつけ

＿＿＿＿＿＿＿＿＿＿＿＿＿＿＿＿＿＿＿＿＿＿＿＿＿＿＿

Ba-23

24 いろいろな前置詞❷

ちょこっと
インプット

BI-24

答えと解き方 ➡ 別冊 p.15

❶ 次の日本文に合うものを（　）内から選び，記号で答えなさい。

(1) エミリーはオーストラリアに住んでいます。　　　　（　　　　）

　　Emily lives（ ア to　　イ in ）Australia.

(2) 私の父は銀行で働いています。　　　　　　　　（　　　　）

　　My father works（ ア by　　イ at ）a bank.

(3) 私はよく家の近くの公園に行きます。　　　　　　（　　　　）

　　I often go to the park（ ア near　　イ on ）my house.

(4) 机の上のペンはあなたのものですか。　　　　　　（　　　　）

　　Is the pen（ ア under　　イ on ）the desk yours?

(5) 木の下にいるあのネコはかわいいです。　　　　　（　　　　）

　　That cat（ ア under　　イ on ）the tree is cute.

(6) 私のラケットは窓のそばにあります。　　　　　　（　　　　）

　　My racket is（ ア by　　イ in ）the window.

❷ 次の日本文に合う英文になるように，＿＿に適する語を書きなさい。

(1) あなたのかばんはテーブルの下にあります。

　　Your bag is ＿＿＿＿＿＿ the table.

(2) 壁にかかっている絵は美しいです。

　　The picture ＿＿＿＿＿＿ the wall is beautiful.

(3) 私たちは今，駅の近くにいます。

　　We are ＿＿＿＿＿＿ the station now.

(4) 箱に入っているボールは私のものです。

　　The ball ＿＿＿＿＿＿ the box is mine.

(5) 私たちは湖の周りを走ります。

　　We run ＿＿＿＿＿＿ the lake.

❸ 絵に合う英文になるように，＿＿に適する語を書きなさい。

(1) (2) (3) (4)

(1) The apple is ＿＿＿＿＿＿ the table.

(2) My dog is ＿＿＿＿＿＿ the chair.

(3) I have an eraser ＿＿＿＿＿＿ my pencil case.

(4) The umbrella ＿＿＿＿＿＿ the door is mine.

❹ 次の日本文に合う英文になるように，（ ）内の語句を並べかえなさい。
[文頭の文字も小文字になっていることがあります]

(1) 私のノートは机の中にあります。(notebook / the desk / is / my / in / .)

＿＿＿＿＿＿＿＿＿＿＿＿＿＿＿＿＿＿＿＿＿＿＿＿＿＿

(2) 私はときどきこのレストランで昼食を食べます。
(at / lunch / I / this restaurant / sometimes / have / .)

＿＿＿＿＿＿＿＿＿＿＿＿＿＿＿＿＿＿＿＿＿＿＿＿＿＿

(3) ソファの下のボールは彼女のものです。
(hers / the sofa / is / under / the ball / .)

＿＿＿＿＿＿＿＿＿＿＿＿＿＿＿＿＿＿＿＿＿＿＿＿＿＿

(4) あなたは映画館の前にいますか。(the theater / you / front of / are / in / ?)

＿＿＿＿＿＿＿＿＿＿＿＿＿＿＿＿＿＿＿＿＿＿＿＿＿＿

❺ 次の日本文を英文になおしなさい。ただし，（ ）内の語句を使うこと。

(1) 私たちはスーパーの近くに住んでいます。(the supermarket)

＿＿＿＿＿＿＿＿＿＿＿＿＿＿＿＿＿＿＿＿＿＿＿＿＿＿

(2) 私の姉は今，自分の部屋にいます。(her room)

＿＿＿＿＿＿＿＿＿＿＿＿＿＿＿＿＿＿＿＿＿＿＿＿＿＿

(3) 壁にかかっている時計はすてきです。(the clock, nice)

＿＿＿＿＿＿＿＿＿＿＿＿＿＿＿＿＿＿＿＿＿＿＿＿＿＿

(4) あなたの鉛筆は机の下にあります。(the desk)

＿＿＿＿＿＿＿＿＿＿＿＿＿＿＿＿＿＿＿＿＿＿＿＿＿＿

らくらく
マルつけ

Ba-24

51

OUTPUT 25 名詞と数

Bi-25

答えと解き方 ➡ 別冊 p.16

❶ 次の名詞の複数形を書きなさい。

(1) pen _____ (2) cup _____
(3) bus _____ (4) box _____
(5) city _____ (6) cherry _____
(7) life _____ (8) child _____
(9) man _____ (10) fish _____

❷ 次の名詞のうち，数えられる名詞には○，数えられない名詞には×を書きなさい。

(1) egg 〔　　〕 (2) water 〔　　〕
(3) boy 〔　　〕 (4) desk 〔　　〕
(5) music 〔　　〕 (6) Japan 〔　　〕
(7) soccer 〔　　〕 (8) house 〔　　〕
(9) brother 〔　　〕 (10) tea 〔　　〕

❸ 例にならい，次の日本語を英語になおしなさい。

［例］　２つのリンゴ　→　two apples

(1)　３羽の鳥

_____ _____

(2)　５つのモモ

_____ _____

(3)　８冊の辞書

_____ _____

(4)　13人の女性

_____ _____

ヒント

❶ 複数形の s, es のつけ方
①大部分の語
→ s をつける
②語尾が s, sh, ch, x などの語
→ es をつける
③語尾が〈子音字＋y〉の語
→ y を i にかえて es をつける
④語尾が f, fe の語
→ f, fe を v にかえて es をつける
⑤不規則変化する語
例：child

❷ 数えられない名詞
①固有名詞
②一定の形がないもの（物質名詞）
③具体的な形がないもの（抽象名詞）

❸ 数を表す語（数詞）
1 → one
2 → two
3 → three
4 → four
5 → five
6 → six
7 → seven
8 → eight
9 → nine
10 → ten
11 → eleven
12 → twelve
13 → thirteen
14 → fourteen
15 → fifteen
16 → sixteen
17 → seventeen
18 → eighteen
19 → nineteen
20 → twenty

④ 次の文の＿＿に，（ ）内の語を適する形になおして書きなさい。なおす必要がない場合はそのまま書きなさい。

(1) I want three ＿＿＿＿＿＿. (orange)

(2) We have six ＿＿＿＿＿＿ on Thursdays. (class)

(3) You have many ＿＿＿＿＿＿ in your bag. (book)

(4) Those ＿＿＿＿＿＿ are very cute. (child)

(5) Canada and Australia are my favorite ＿＿＿＿＿＿. (country)

(6) I drink a lot of ＿＿＿＿＿＿ every day. (coffee)

⑤ 次の英文を日本文になおしなさい。

(1) He has five boxes.
( )

(2) These are big cities.
( )

(3) I need twelve eggs.
( )

(4) Our class has forty students.
( )

⑥ 次の日本文を英文になおしなさい。ただし，（ ）内の語を使うこと。

(1) 私の父は腕時計を３つ持っています。(my)

＿＿＿＿＿＿＿＿＿＿＿＿＿＿＿＿＿＿＿＿＿＿＿

(2) これらは彼のカメラですか。(his)

＿＿＿＿＿＿＿＿＿＿＿＿＿＿＿＿＿＿＿＿＿＿＿

(3) 私には兄が１人と姉が２人います。(one, and)

＿＿＿＿＿＿＿＿＿＿＿＿＿＿＿＿＿＿＿＿＿＿＿

(4) あれらの魚は美しいです。(those)

a[an] と the

Bi-26

答えと解き方 ➡ 別冊 p.16

❶ 次の日本文に合う英文になるように，＿＿＿に a か an のいずれか適するほうを書きなさい。

(1) あれは車です。

That is ＿＿＿＿＿＿ car.

(2) 父は毎朝卵を食べます。

My father eats ＿＿＿＿＿＿ egg every morning.

(3) 私は東京におばがいます。

I have ＿＿＿＿＿＿ aunt in Tokyo.

(4) あなたは学校で制服を着ますか。

Do you wear ＿＿＿＿＿＿ uniform at school?

(5) これは簡単な問題です。

This is ＿＿＿＿＿＿ easy question.

❷ 次の日本文に合う英文になるように，＿＿＿に the が必要な場合は the を，必要のない場合は×を書きなさい。

(1) 彼は毎日ギターを弾きます。

He plays ＿＿＿＿＿＿ guitar every day.

(2) 太陽は東から昇ります。

The sun rises in ＿＿＿＿＿＿ east.

(3) 私は 11 時に寝ます。

I go to ＿＿＿＿＿＿ bed at eleven.

(4) あなたは夕方，勉強をしますか。

Do you study in ＿＿＿＿＿＿ evening?

(5) 私は自転車で図書館に行きます。

I go to the library by ＿＿＿＿＿＿ bike.

ヒント

❶ 母音(ア・イ・ウ・エ・オに似た音)で始まる語の前には an，それ以外の音で始まる語の前には a をつける。

(4) uniform「制服」は [ユーニフォーム] と発音する。

❷ the がつく場合

①前に 1 度出た名詞を指すとき

②何を指すかが明らかなとき

③天体，方角など 1 つしかないもの

④序数(first, second など)の前

⑤in the morning, 〈play the ＋楽器〉などの決まった言い方

a[an] や the がつかない場合

・〈by ＋交通手段〉

・〈play ＋スポーツ〉

・go to school, go to bed などの決まった言い方

❸ 次の英文の下線部が文法的に正しい場合は〇を，間違っている場合は正しくなおしたものを（　）に書きなさい。

(1) I have a dog. <u>The dog</u> is very big.

（　　　　　　　　　　　　　）

(2) Ms. Nakamura is <u>a English teacher</u>.

（　　　　　　　　　　　　　）

(3) March is <u>a third month</u> of the year.

（　　　　　　　　　　　　　）

(4) He plays <u>the piano</u> very well.

（　　　　　　　　　　　　　）

❹ 次の日本文に合う英文になるように，（　）内の語を並べかえなさい。
[文頭の文字も小文字になっていることがあります]

(1) 私は朝にテレビを見ます。(watch / I / morning / the / TV / in / .)

_____

(2) 彼女は毎日1時間テニスをします。

(hour / for / plays / an / tennis / she) every day.

_____ every day.

(3) 地球は太陽の周りを回ります。(the / around / the / goes / sun / earth / .)

_____

(4) あなたは電車で病院に行きますか。

(you / to / by / the / do / go / train / hospital / ?)

_____

❺ 次の日本文を英文になおしなさい。ただし，（　）内の語句を使うこと。

(1) これはおもしろい本です。(interesting)

_____

(2) 1年の最初の月は1月です。(of the year)

_____

(3) 彼女は放課後にバイオリンを弾きます。(school)

_____

命令文

ちょこっとインプット
BI-27

答えと解き方 ➡ 別冊 p.17

① 次の日本文に合うように（　）内から適するほうを選び，〇でかこみなさい。

(1) トム，あなたのお母さんを手伝いなさい。

Tom, (help / helps) your mother.

(2) ここでギターを弾いてはいけません。

(Do / Don't) play the guitar here.

(3) 図書館で勉強しましょう。

Let's (study / studies) in the library.

② 次の日本文に合う英文になるように，＿＿＿に適する語を書きなさい。

(1) この部屋を掃除しなさい。

＿＿＿＿＿＿＿ this room.

(2) この自転車を使ってはいけません。

＿＿＿＿＿＿＿ ＿＿＿＿＿＿＿ this bike.

(3) テレビを見ましょう。

＿＿＿＿＿＿＿ ＿＿＿＿＿＿＿ TV.

③ 次の文を〔　〕内の指示にしたがって書きかえるとき，＿＿＿に適する語を書きなさい。

(1) You are kind to your friends. 〔命令文に〕

＿＿＿＿＿＿＿ kind to your friends.

(2) You close the window. 〔「～してはいけません」という文に〕

＿＿＿＿＿＿＿ the window.

(3) We practice tennis here. 〔「～しましょう」という文に〕

＿＿＿＿＿＿＿ ＿＿＿＿＿＿＿ tennis here.

💡 ヒント

① (1) Tom は主語ではなく，呼びかけの語。
(2)「～してはいけない」という否定の意味を表している。
(3) Let's ～. は「～しましょう」という意味。

② (1) 動詞の原形を使う。
(2) Don't で文を始める。
(3) Let's で文を始める。

③ (1) be 動詞の原形は be。
(2)「～してはいけません」は〈Don't ＋動詞の原形～.〉。
(3)「～しましょう」は〈Let's ＋動詞の原形～.〉。

4 次の英文を日本文になおしなさい。

(1) Get up early every day.

(　　　　　　　　　　　　　　　　　　　　　　　　　　　　　　)

(2) Please read this book.

(　　　　　　　　　　　　　　　　　　　　　　　　　　　　　　)

(3) Don't run in the classroom.

(　　　　　　　　　　　　　　　　　　　　　　　　　　　　　　)

(4) Let's see a movie.

(　　　　　　　　　　　　　　　　　　　　　　　　　　　　　　)

5 次の日本文に合う英文になるように，（　）内の語を並べかえなさい。
[文頭の文字も小文字になっていることがあります]

(1) ここで日本語を話してはいけません。(don't / here / Japanese / speak / .)

_____

(2) この写真を見てください。(at / picture / please / this / look / .)

_____

(3) 音楽を聞きましょう。(music / listen / let's / to / .)

_____

(4) はずかしがってはいけません。(be / don't / shy / .)

_____

6 次の日本文を英文になおしなさい。ただし，（　）内の語句を使うこと。

(1) いっしょに公園に行きましょう。(together)

_____

(2) 図書館では静かにしなさい。(quiet, in)

_____

(3) この箱を開けてはいけません。(box)

_____

(4) 夕食の前に宿題をしなさい。(your homework)

_____

らくらく
マルつけ

Ba-27

57

Bi-28

〈can + 動詞の原形〉の文

OUTPUT!
28

答えと解き方 ➡ 別冊 p.17

❶ 次の日本文に合うように（　）内から適するほうを選び，〇でかこみなさい。

(1) 私は中国語を話すことができます。

I (can / do) speak Chinese.

(2) あなたはじょうずにおどることができます。

You (dance / can dance) well.

(3) ジャックは速く走ることができます。

Jack can (runs / run) fast.

❷ 次の日本文に合う英文になるように，＿＿＿に適する語を書きなさい。

(1) あなたはギターを弾くことができます。

You ＿＿＿＿＿＿＿ play the guitar.

(2) アンナは漢字を読むことができます。

Anna ＿＿＿＿＿＿＿ ＿＿＿＿＿＿＿ kanji.

(3) 彼女は泳ぐことができます。

She ＿＿＿＿＿＿＿ ＿＿＿＿＿＿＿ .

❸ 次の文を〔　〕内の指示にしたがって書きかえるとき，＿＿＿に適する語を書きなさい。

(1) I sing English songs.

〔「～することができます」という文に〕

I ＿＿＿＿＿＿＿ sing English songs.

(2) He cooks curry. 〔「～することができます」という文に〕

He ＿＿＿＿＿＿＿ ＿＿＿＿＿＿＿ curry.

(3) You can ski well. 〔下線部を My sister にかえて〕

My sister ＿＿＿＿＿＿＿ ＿＿＿＿＿＿＿ well.

💡 **ヒント**

❶ (1)(2)「～することができます」という日本語に注目する。
(3) can に続く動詞の形は，主語が何であってもかわらない。

❷ (1)「～できる」を表す語が入る。
(2)〈can＋動詞の原形〉で「～することができる」。
(3)動詞の原形を使う。

❸ (1)「～できる」を表す語を加える。
(2)動詞の形に注意する。
(3) can の文の主語が3人称・単数にかわるとどうなるか考える。

4 次の英文を日本文になおしなさい。

(1) I can read this English book.

   (   )

(2) You can play table tennis well.

   (   )

(3) I can ride a unicycle.

   (   )

(4) My mother can make dolls.

   (   )

5 次の日本文に合う英文になるように，（ ）内の語句を並べかえなさい。
[文頭の文字も小文字になっていることがあります]

(1) あなたはじょうずに写真を撮ることができます。(well / pictures / you / take / can / .)

(2) 私は早く起きることができます。(up / I / early / can / get / .)

(3) 彼女はパーティーに来ることができます。(can / the party / come / she / to / .)

(4) その子どもは自分の名前を書くことができます。

(his / write / the child / can / name / .)

6 次の日本文を英文になおしなさい。

(1) あなたは速く歩くことができます。

(2) 彼は車を運転することができます。

(3) 私は今日，昼食を作ることができます。

(4) 加藤先生(Ms. Kato)はじょうずに数学を教えることができます。

らくらく
マルつけ

Ba-28

29

2 | can と現在進行形の文

〈Can ＋主語 ～?〉（疑問文）

ちょこっと
インプット

Bi-29

答えと解き方➡別冊 p.18

❶ 次の日本文に合うように（　）内から適するほうを選び，〇でかこみなさい。

(1) あなたは韓国語を読むことができますか。

（ Do / Can ）you read Korean?

(2) 彼らは会議に来ることができますか。

（ Can / Do ）they come to the meeting?

(3) リサはギターを弾くことができますか。

Can Lisa（ plays / play ）the guitar?

❷ 次の日本文に合う英文になるように，＿＿＿に適する語を書きなさい。

(1) あなたはじょうずに絵を描くことができますか。

＿＿＿＿＿＿＿＿ you draw pictures well?

(2) あなたはコーヒーを飲むことができますか。

＿＿＿＿＿＿＿ ＿＿＿＿＿＿＿ drink coffee?

(3) 彼は今，私たちを手伝うことができますか。

＿＿＿＿＿＿＿ ＿＿＿＿＿＿＿ help us now?

❸ 次の文を〔　〕内の指示にしたがって書きかえるとき，＿＿＿に適する語を書きなさい。

(1) You can use this machine.〔疑問文に〕

＿＿＿＿＿＿＿ ＿＿＿＿＿＿＿ use this machine?

(2) She can write hiragana.〔疑問文に〕

＿＿＿＿＿＿＿ ＿＿＿＿＿＿＿ write hiragana?

(3) Does Tom eat *natto*?

〔「～することができますか」という文に〕

＿＿＿＿＿＿＿ Tom ＿＿＿＿＿＿＿ *natto*?

🔍ヒント

❶(1)「～することができますか」という日本語に注目する。
(2) meeting は「会議」という意味。
(3) can の文では，主語が何であっても動詞の形はかわらない。

❷ can の疑問文の語順に注意。
(1) draw は「～を描く」という意味。

❸ can の疑問文は can が主語の前に出る。
(1) machine は「機械」という意味。

60

4 次の英文を日本文になおしなさい。

(1) Can you cook?

　（ 　　　　　　　　　　　　　　　　　　　　 ）

(2) Can you swim in the sea?

　（ 　　　　　　　　　　　　　　　　　　　　 ）

(3) Can your mother play the trumpet?

　（ 　　　　　　　　　　　　　　　　　　　　 ）

(4) Can he speak English very well?

　（ 　　　　　　　　　　　　　　　　　　　　 ）

5 次の日本文に合う英文になるように，（ ）内の語を並べかえなさい。
[文頭の文字も小文字になっていることがあります]

(1) あなたはフランス語を読むことできますか。(read / can / you / French / ?)

(2) 彼ははしを使うことができますか。(he / chopsticks / use / can / ?)

(3) あなたは速く走ることができますか。(fast / you / run / can / ?)

(4) アリスは日本語で手紙を書くことができますか。
(a / Japanese / Alice / write / in / can / letter / ?)

6 次の日本文を英文になおしなさい。ただし，（ ）内の語句を使うこと。

(1) あなたはじょうずにおどることができますか。(well)

(2) 彼らは今，ここに来ることができますか。(here)

(3) あなたの弟さんは自転車に乗ることができますか。(a bike)

(4) あなたは木登りをすることができますか。(climb)

〈Can ＋主語 ～?〉の答え方

Bi-30

答えと解き方 ➡ 別冊 p.19

❶ 次の日本文に合うものを（ ）内から選び，記号で答えなさい。

(1) あなたは野球をすることができますか。— はい，できます。

Can you play baseball? （　　　　）

— Yes, I (ア do　イ am　ウ can).

(2) 彼は日本語を話すことができますか。— はい，できます。

Can he speak Japanese? （　　　　）

— Yes, (ア I can　イ he can　ウ he does).

(3) ナンシーはスケートをすることができますか。

— いいえ，できません。

Can Nancy skate? （　　　　）

— No, she (ア does not　イ can　ウ cannot).

(4) あなたは私の家に来ることができますか。

— いいえ，できません。

Can you come to my house? （　　　　）

— No, I (ア can't　イ don't　ウ am not).

❷ ＿＿に適する語を書いて，答えの文を完成させなさい。

(1) Can you read this book?

— ＿＿＿＿＿＿＿＿, I can.

(2) Can he make a cake?

— ＿＿＿＿＿＿＿＿, he cannot.

(3) Can Ms. Green drive a car?

— Yes, she ＿＿＿＿＿＿.

(4) Can you eat eggs?

— No, I ＿＿＿＿＿＿.

(5) Can your father swim?

— No, ＿＿＿＿＿＿＿＿＿＿＿.

💭 ヒント

❶ (1) can を使ってたずねている。
(2)「彼は〜することができますか」とたずねている。
(3) can の疑問文に No で答えている。skate は「スケートをする」という意味。
(4) can の疑問文に No で答えている。

❷ (1)答えが I can と肯定の意味になっている。
(2)答えが he cannot と否定の意味になっている。
(3) Can 〜? の質問に Yes で答えている。
(4) Can 〜? の質問に No で答えている。
(5)疑問文の主語は，答えの文では代名詞で受ける。

3 次の日本文に合う英文になるように，（ ）内の語を並べかえなさい。
[文頭の文字も小文字になっていることがあります]

(1) 彼女はスキーをすることができますか。— はい，できます。

Can she ski? —（ can / , / she / yes / . ）

_____

(2) あなたはコーヒーを飲むことができますか。— いいえ，できません。

Can you drink coffee? —（ I / no / cannot / , / . ）

_____

(3) 矢島先生は中国語を話すことができますか。— いいえ，できません。

Can Mr. Yajima speak Chinese? —（ no / , / can't / he / . ）

_____

4 次の疑問文に（ ）内の語を使って答えなさい。

(1) Can your uncle take pictures well?（Yes）

— _____

(2) Can Ms. Davis sing Japanese songs?（No）

— _____

(3) Can Maki and Sae practice tennis today?（No）

— _____

5 次の下線部の日本文を英文になおしなさい。

(1) あなたは速く走ることができますか。— <u>はい，できます。</u>

Can you run fast? — _____

(2) あなたとニックはパーティーに来ることができますか。— <u>いいえ，できません。</u>

Can you and Nick come to the party?

— _____

6 次の質問に，あなた自身の立場で英語で答えなさい。

Can you cook well?

— _____

らくらく
マルつけ

Ba-30

63

〈cannot + 動詞の原形〉の文（否定文）

Bi-31

答えと解き方 ➡ 別冊 p.19

❶ 次の日本文に合うものを（ ）内から選び，記号で答えなさい。

(1) 私はこの英語の本を読むことができません。（　　　　）

I（ ア do not　　イ cannot　　ウ does not ）read this English book.

(2) 彼は今，テレビを見ることができません。（　　　　）

He cannot（ ア watch　　イ watches ）TV now.

(3) あなたはここで昼食を食べることはできません。（　　　　）

You（ ア don't　　イ aren't　　ウ can't ）eat lunch here.

❷ 次の日本文に合うよう，＿＿に適する英語を書きなさい。

(1) 私はギターを弾くことができません。

I ＿＿＿＿＿＿＿＿ play the guitar.

(2) あなたは今日，公園に行くことはできません。

You ＿＿＿＿＿＿＿＿ ＿＿＿＿＿＿＿＿ to the park today.

(3) ホワイト先生は日本語を話すことができません。

Mr. White ＿＿＿＿＿＿＿＿ ＿＿＿＿＿＿＿＿ Japanese.

❸ 次の文を〔 〕内の指示にしたがって書きかえるとき，＿＿に適する語を書きなさい。

(1) You can use this bike. 〔否定文に〕

You ＿＿＿＿＿＿＿＿ use this bike.

(2) We can see the mountain from here. 〔否定文に〕

We ＿＿＿＿＿＿＿＿ ＿＿＿＿＿＿＿＿ the mountain from here.

(3) My mother doesn't dance.

〔「～することができません」という文に〕

My mother ＿＿＿＿＿＿＿＿ ＿＿＿＿＿＿＿＿ .

ヒント

❶ 「～することができません」という日本語に注目する。
(2) can の文では，主語が何であっても動詞の形はかわらない。

❷ (1)「～できない」を表す語が入る。
(2)(3)〈cannot + 動詞の原形〉で「～することができない」。

❸ can の否定文は cannot を使う。
(2) from here は「ここから」という意味。

④ 次の英文を日本文になおしなさい。

(1) I cannot eat fish.

(　　　　　　　　　　　　　　　　　　　　　　　　)

(2) My brother cannot go to school today.

(　　　　　　　　　　　　　　　　　　　　　　　　)

(3) You can't play a video game now.

(　　　　　　　　　　　　　　　　　　　　　　　　)

(4) We can't practice volleyball here.

(　　　　　　　　　　　　　　　　　　　　　　　　)

⑤ 次の日本文に合う英文になるように，（　）内の語を並べかえなさい。
[文頭の文字も小文字になっていることがあります]

(1) 私はこの質問に答えることができません。(this / I / answer / cannot / question / .)

_____

(2) あなたたちは図書館で食事をすることができません。

(cannot / in / you / the / eat / library / .)

_____

(3) 彼は週末に早く起きることができません。

(on / early / can't / up / he / weekends / get / .)

_____

(4) 私は彼女の名前を思い出すことができません。

(can't / name / I / remember / her / .)

_____

⑥ 次の日本文を英文になおしなさい。ただし，(1)・(2)は（　）内の語句を使うこと。

(1) 私はこのかばんを買うことができません。(buy)

_____

(2) 私の父は今日，買い物に行くことができません。(go shopping)

_____

(3) 彼らは今，あなたを手伝うことができません。

_____

らくらく
マルつけ

Ba-31

65

OUTPUT! 32 現在進行形の文

Bi-32

答えと解き方 ➡ 別冊 p.20

❶ 次の日本文に合うものを( )内から選び，記号で答えなさい。

(1) 私は部屋を掃除しています。　　　　　　　　(　　　)

　　 I（ ア is　　イ am　　ウ are ）cleaning my room.

(2) 彼らはサッカーをしています。　　　　　　　(　　　)

　　 They（ ア is　　イ am　　ウ are ）playing soccer.

(3) 彼女は音楽を聞いています。　　　　　　　　(　　　)

　　 She's（ ア listen　　イ listens　　ウ listening ）to music.

ヒント

❶ (1)(2)主語によって
be 動詞を使い分ける。
(3)前に be 動詞がある
ことに注目。

❷ 次の日本文に合う英文になるように，＿＿に適する語を書きなさい。

(1) あなたは本を読んでいます。

　　 You ＿＿＿＿＿＿ reading a book.

(2) 私はテレビを見ています。

　　 I ＿＿＿＿＿＿ ＿＿＿＿＿＿ TV.

(3) 拓はお父さんを手伝っています。

　　 Taku ＿＿＿＿＿＿ ＿＿＿＿＿＿ his father.

❷「～しています」
は〈be 動詞＋動詞の
ing 形〉。
(1)主語が you。
(2)主語が I。
(3)主語が Taku。

❸ 次の文を〔 〕内の指示にしたがって書きかえるとき，＿＿に適する語を書きなさい。

(1) I eat lunch.〔「～しています」という文に〕

　　 I ＿＿＿＿＿＿ ＿＿＿＿＿＿ lunch.

(2) Rika talks with her friends.〔「～しています」という文に〕

　　 Rika ＿＿＿＿＿＿ ＿＿＿＿＿＿ with her friends.

(3) He studies in the library.〔「～しています」という文に〕

　　 ＿＿＿＿＿＿ ＿＿＿＿＿＿ in the library.

(4) She's looking at the picture.〔下線部を We にかえて〕

　　 ＿＿＿＿＿＿ ＿＿＿＿＿＿ at the picture.

❸ (1)現在進行形の文
にする。
(2)現在進行形の文にす
る。talk with ～は
「～と話す」という意
味。
(3)空所の数に注意して，
短縮形を使う。
(4)主語に合わせて be
動詞もかえる。空所の
数に注意して，短縮形
を使う。

4 次の英文を日本文になおしなさい。

(1) My sister is cooking dinner.

(　　　　　　　　　　　　　　　　　　　　　　　　　　)

(2) They are singing a Japanese song.

(　　　　　　　　　　　　　　　　　　　　　　　　　　)

(3) I'm studying history now.

(　　　　　　　　　　　　　　　　　　　　　　　　　　)

(4) He's walking in the park.

(　　　　　　　　　　　　　　　　　　　　　　　　　　)

5 次の日本文に合う英文になるように，（　）内の語句を並べかえなさい。
[文頭の文字も小文字になっていることがあります]

(1) 明はテレビゲームをしています。

(a / Akira / video game / is / playing / .)

(2) 私は宿題をしています。(doing / I / homework / am / my / .)

(3) 私たちは今，朝食を食べています。(eating / breakfast / now / we're / .)

(4) 彼らは教室を掃除しています。(their / cleaning / they're / classroom / .)

6 次の日本文を英文になおしなさい。

(1) 私はテレビでテニスを見ています。

(2) 彼は自分の部屋で音楽を聞いています。

(3) 彼らは自分たちの先生を手伝っています。

(4) 私の父は今，ギターを弾いています。

らくらく
マルつけ

Ba-32

OUTPUT!
33

いろいろな動詞の ing 形

Bi-33

答えと解き方➡別冊 p.20

❶ 次の動詞の ing 形を書きなさい。

(1) play ＿＿＿＿＿＿＿＿

(2) study ＿＿＿＿＿＿＿＿

(3) come ＿＿＿＿＿＿＿＿

(4) take ＿＿＿＿＿＿＿＿

(5) practice ＿＿＿＿＿＿＿＿

(6) sit ＿＿＿＿＿＿＿＿

(7) get ＿＿＿＿＿＿＿＿

(8) run ＿＿＿＿＿＿＿＿

🏆ヒント
❶ ing 形の作り方
①大部分の語
→そのまま ing
をつける
②語尾が〈子音字＋
e〉の語
→e を取って ing
をつける
③語尾が〈短母音＋
子音字〉の語
→子音字を重ねて
ing をつける

❷ 次の日本文に合う英文になるように，（ ）内の語を適する形に
なおして ＿＿ に書きなさい。

(1) 彼女はマンガを読んでいます。

She is ＿＿＿＿＿＿＿＿ a comic book.（read）

(2) 兄は今，私のコンピューターを使っています。

My brother is ＿＿＿＿＿＿＿＿ my computer now.（use）

(3) 彼らはプールで泳いでいます。

They are ＿＿＿＿＿＿＿＿ in the pool.（swim）

(4) 私は手紙を書いています。

I'm ＿＿＿＿＿＿＿＿ a letter.（write）

(5) エミリーは朝食を料理しています。

Emily is ＿＿＿＿＿＿＿＿ breakfast.（cook）

(6) 生徒たちはサッカーを練習しています。

The students are ＿＿＿＿＿＿＿＿ soccer.（practice）

(7) そのイヌは床に座っています。

The dog is ＿＿＿＿＿＿＿＿ on the floor.（sit）

❷ 動詞を ing 形にす
るときは，動詞の語尾
に注意。
(1) comic book は
「マンガ」という意味。
(2) use は〈子音字＋
e〉で終わっている。
(3) swim は〈短母音＋
子音字〉で終わってい
る。pool は「プール」
という意味。
(4) write は〈子音字＋
e〉で終わっている。
(6) practice は〈子音字
＋ e〉で終わっている。
(7) sit は〈短母音＋子
音字〉で終わっている。
floor は「床」という
意味。

❸ 次の文を現在進行形の文に書きかえなさい。

(1) She speaks English.

_____

(2) I make a sandwich for lunch.

_____

(3) They run around the lake.

_____

(4) My brother takes pictures in the park.

_____

❹ 次の英文を日本文になおしなさい。

(1) He is driving his car.

(　　　　　　　　　　　　　　　　　　　　　　　　)

(2) The girl is sitting on the sofa.

(　　　　　　　　　　　　　　　　　　　　　　　　)

(3) I am studying math now.

(　　　　　　　　　　　　　　　　　　　　　　　　)

(4) They're having dinner at that restaurant.

(　　　　　　　　　　　　　　　　　　　　　　　　)

❺ 次の日本文を英文になおしなさい。

(1) 私の妹はテニスを練習しています。

_____

(2) その子どもたちは海で泳いでいます。

_____

(3) 彼のお母さんは今，彼の自転車を使っています。

_____

(4) マイク(Mike)は風呂に入っています。

_____

現在進行形の疑問文

BI-34

答えと解き方 ➡ 別冊 p.21

❶ 次の日本文に合うように（　）内から適するほうを選び，〇でか こみなさい。

(1) あなたはテレビを見ているのですか。

　　(Are / Do) you watching TV?

(2) 生徒たちは英語を勉強しているのですか。

　　(Do / Are) the students studying English?

(3) 彼はカレーを作っているのですか。

　　(Is / Does) he cooking curry?

(4) あなたのお父さんは車を洗っているのですか。

　　Is your father (wash / washing) his car?

❷ 次の日本文に合う英文になるように，＿＿に適する語を書きな さい。

(1) あなたは日本についての本を読んでいるのですか。

　　＿＿＿＿＿＿＿＿＿ you reading a book about Japan?

(2) 彼女は今，眠っているのですか。

　　＿＿＿＿＿＿＿＿＿ sleeping now?

(3) 彼らは体育館を走っているのですか。

　　＿＿＿＿＿ they ＿＿＿＿＿ in the gym?

❸ 次の文を疑問文に書きかえるとき，＿＿に適する語を書きなさい。

(1) You are dancing.

　　＿＿＿＿＿ ＿＿＿＿＿ dancing?

(2) They are practicing tennis.

　　＿＿＿＿＿ they ＿＿＿＿＿ tennis?

(3) He's writing a letter.

　　＿＿＿＿＿ ＿＿＿＿＿ ＿＿＿＿＿ a letter?

🔑 ヒント

❶ (1)(2)(3)動詞の ing 形があることに注目。 (4)be 動詞があること に注目。

❷ 現在進行形の疑問 文は be 動詞で始める。 (1) about は「～につ いて」という意味。 (2) sleep は「眠る」 という意味。 (3)疑問文でも動詞の ing 形を使う。

❸ 現在進行形の文を 疑問文にするときは, be 動詞を主語の前に 出す。 (3) He's は He is の短 縮形。

4 次の英文を日本文になおしなさい。

(1) Is she swimming?

(　　　　　　　　　　　　　　　　　　　　　　　　　)

(2) Are you using this pen now?

(　　　　　　　　　　　　　　　　　　　　　　　　　)

(3) Is your mother washing the dishes?

(　　　　　　　　　　　　　　　　　　　　　　　　　)

(4) Are they having lunch in the classroom?

(　　　　　　　　　　　　　　　　　　　　　　　　　)

5 次の日本文に合う英文になるように，（　）内の語を並べかえなさい。
[文頭の文字も小文字になっていることがあります]

(1) あなたは写真を撮っているのですか。(pictures / you / taking / are / ?)

_____

(2) 彼はいすを作っているのですか。(a / is / making / chair / he / ?)

_____

(3) ジムは友人と話しているのですか。(friend / Jim / talking / his / with / is / ?)

_____

(4) あなたの妹さんは今，ピアノを練習しているのですか。

(is / the / now / sister / piano / practicing / your / ?)

_____

6 次の日本文を英文になおしなさい。

(1) あなたのネコは眠っているのですか。

_____

(2) 彼らは今，座っているのですか。

_____

(3) あなたは宿題をしているのですか。

_____

(4) ブラウンさん(Ms. Brown)は自分の部屋を掃除しているのですか。

_____

らくらく
マルつけ

Ba-34

OUTPUT! 35

現在進行形の疑問文の答え方

ちょこっとインプット

Bi-35

答えと解き方➡別冊 p.22

❶ 次の日本文に合うものを（　）内から選び，記号で答えなさい。

(1) あなたは音楽を聞いているのですか。— はい，そうです。

Are you listening to music?　　　　　（　　　　）

— Yes, I（ ア do　　イ am　　ウ can ）.

(2) 彼女はギターを弾いているのですか。— はい，そうです。

Is she playing the guitar?　　　　　（　　　　）

— Yes, she（ ア does　　イ is　　ウ do ）.

(3) 彼らは公園を走っているのですか。— いいえ，違います。

Are they running in the park?　　　　（　　　　）

— No, they（ ア do not　　イ are　　ウ are not ）.

(4) 長田さんは車を運転しているのですか。— いいえ，違います。

Is Mr. Nagata driving his car?　　　　（　　　　）

— No, he（ ア doesn't　　イ isn't　　ウ can't ）.

❷ ＿＿＿ に適する語を書いて，答えの文を完成させなさい。

(1) Is she watching a movie?

— ＿＿＿＿＿＿＿＿＿, she is.

(2) Are you making tempura?

— ＿＿＿＿＿＿＿＿＿, I'm not.

(3) Is your brother playing baseball?

— Yes, he ＿＿＿＿＿＿＿.

(4) Are you drawing pictures?

— No, we ＿＿＿＿＿＿＿.

(5) Are Ben and Nick studying Japanese?

— No, ＿＿＿＿＿＿＿＿＿＿＿＿＿.

ヒント

❶ 現在進行形の疑問文への答え方は，be動詞の疑問文への答え方と同じ。

❷(1)答えが she is と肯定の意味になっている。

(2)答えが I'm not と否定の意味になっている。

(3)Is ～? の質問に Yes で答えている。

(4)Are ～? の質問に No で答えている。空所の数に注意して，短縮形を使う。

(5)疑問文の主語は，答えの文では代名詞で受ける。空所の数に注意して，短縮形を使う。

❸ 次の日本文に合う英文になるように，（　）内の語を並べかえなさい。
[文頭の文字も小文字になっていることがあります]

(1) 彼は朝食を食べているのですか。— はい，そうです。

Is he having breakfast? — (he / yes / , / is / .)

_____

(2) あなたは手紙を書いているのですか。— いいえ，違います。

Are you writing a letter? — (not / , / I / no / am / .)

_____

(3) あなたの妹さんは眠っているのですか。— いいえ，違います。

Is your sister sleeping? — (no / isn't / she / , / .)

_____

❹ 次の疑問文に（　）内の語を使って答えなさい。

(1) Are you painting the wall?（Yes）

—_____

(2) Is your father washing the dishes?（Yes）

—_____

(3) Are they swimming in the pool?（No）

—_____

(4) Is she using a computer now?（No）

—_____

❺ 次の下線部の日本文を英文になおしなさい。

(1) 彼らはピアノを練習しているのですか。— はい，そうです。

Are they practicing the piano? —_____

(2) あなたのお兄さんは走っているのですか。— いいえ，違います。

Is your brother running? —_____

(3) あなたはあの鳥を見ているのですか。— はい，そうです。

Are you looking at that bird? —_____

らくらく
マルつけ

Ba-35

現在進行形の否定文

OUTPUT! 36

Bi-36

答えと解き方 ➡ 別冊 p.22

💡 ヒント

① 次の日本文に合うように（　）内から適するほうを選び，〇でかこみなさい。

(1) 私は部屋を掃除していません。
I (am / do) not cleaning my room.

(2) 彼らは歌を歌っていません。
They (don't / aren't) singing a song.

(3) 彼女はギターを弾いていません。
She isn't (play / playing) the guitar.

① (1)(2)動詞の ing 形があることに注目。
(3) be 動詞があることに注目。

② 次の日本文に合う英文になるように，＿＿に適する語を書きなさい。

(1) 私は今，宿題をしていません。
I ＿＿＿＿ ＿＿＿＿ doing my homework now.

(2) 彼はこの辞書を使っていません。
He ＿＿＿＿ using this dictionary.

(3) あなたたちは音楽を聞いていません。
You ＿＿＿＿ ＿＿＿＿ to music.

② 現在進行形の否定文は，be 動詞の否定文と同じように作る。
(2)空所が1つだけなので，短縮形を使う。
(3)否定文でも動詞の ing 形を使う。空所が2つだけなので，短縮形を使う。

③ 次の文を否定文に書きかえるとき，＿＿に適する語を書きなさい。

(1) She is making lunch.
She is ＿＿＿＿ making lunch.

(2) I am reading a book.
I ＿＿＿＿ ＿＿＿＿ reading a book.

(3) They are studying math.
They ＿＿＿＿ not ＿＿＿＿ math.

(4) We are having dinner.
We ＿＿＿＿ ＿＿＿＿ dinner.

③ 現在進行形の文を否定文にするときは，be 動詞のあとに not を置く。
(3)否定文でも動詞の ing 形を使う。
(4)空所が2つだけなので，短縮形を使う。

4 次の英文を日本文になおしなさい。

(1) My mother is not driving her car.

    (   )

(2) I'm not playing a video game now.

    (   )

(3) He isn't practicing basketball.

    (   )

(4) They're not running in the gym.

    (   )

5 次の日本文に合う英文になるように，（ ）内の語句を並べかえなさい。
[文頭の文字も小文字になっていることがあります]

(1) 彼女は手紙を書いていません。(letter / is / writing / not / she / a / .)

(2) 彼は友だちと散歩していません。(not / with / walking / is / his friend / he / .)

(3) 私は父を手伝っていません。(my / I'm / helping / not / father / .)

(4) 彼女たちは日本に滞在していません。(in / staying / they / Japan / aren't / .)

6 次の日本文を英文になおしなさい。

(1) 私は今，皿を洗っていません。

(2) 私たちはソファに座っていません。

(3) 彼らは川で泳いでいません。

(4) その男の子はテレビを見ていません。

らくらく
マルつけ

Ba-36

75

まとめのテスト❷

/ 100点

答えと解き方 ➡ 別冊 p.23

❶ 次の日本文に合うものを（ ）内から選び，記号で答えなさい。[2点×4＝8点]

(1) 彼はじょうずにスキーをすることができますか。 （ ）

Can he（ ア skies　　イ skiing　　ウ ski ）well?

(2) 私たちは図書館で勉強しています。 （ ）

We are（ ア study　　イ studying　　ウ studies ）in the library.

(3) ここで写真を撮ってはいけません。 （ ）

（ ア Please　　イ Don't　　ウ Let's ）take pictures here.

(4) 私はよく朝に公園に行きます。 （ ）

I often go to the park（ ア in the　　イ at the　　ウ in a ）morning.

❷ 次の日本文に合う英文になるように， ____ に適する語を書きなさい。[3点×3＝9点]

(1) いすの下のペンはあなたのものですか。

Is the pen _____ the chair yours?

(2) 私は今，コンピューターを使っていません。

I'm _____ my computer now.

(3) 買い物に行きましょう。— すみませんが，今日は行けません。

_____ go shopping. — I'm sorry, but I _____ go today.

❸ 次の文を〔 〕内の指示にしたがって書きかえるとき， ____ に適する語を書きなさい。

[3点×3＝9点]

(1) I have <u>many</u> oranges.〔下線部を「1つの」という意味の語にかえて〕

I have _____ .

(2) You are careful.〔「～しなさい」という命令文に〕

_____ .

(3) The boys run in the schoolyard <u>every day</u>.

〔下線部を now にかえて現在進行形の文に〕

The boys _____ in the schoolyard now.

❹ 次の英文を日本文になおしなさい。[5点×4＝20点]

(1) My father can speak Chinese very well.

(　　　　　　　　　　　　　　　　　　　　　)

(2) Look at the picture on the wall.

(　　　　　　　　　　　　　　　　　　　　　)

(3) Is that girl listening to music?

(　　　　　　　　　　　　　　　　　　　　　)

(4) We practice the guitar after lunch.

(　　　　　　　　　　　　　　　　　　　　　)

❺ 次の日本文に合う英文になるように，（　）内の語句を並べかえなさい。[6点×4＝24点]
[文頭の文字も小文字になっていることがあります]

(1) 私たちは５月に遠足があります。(have / May / we / a field trip / in / .)

_____

(2) この部屋を掃除してください。(this / please / clean / room / , / .)

_____

(3) 彼らは先生と話しています。(are / their teacher / they / with / talking / .)

_____

(4) 彼女は今日，私たちと会うことができますか。(us / she / today / meet / can / ?)

_____

❻ 次の日本文を英文になおしなさい。[6点×5＝30点]

(1) 私は月曜日は夕食を料理することができません。

_____

(2) ①あなたたちはテレビを見ているのですか。— ②いいえ，違います。

① _____

— ② _____

(3) 彼には３人の子どもがいます。

_____

らくらく
マルつけ

(4) 私のネコは窓のそばにいます。

_____

Ba-37

77

38 一般動詞（過去）の文（規則動詞）

Bi-38

答えと解き方➡別冊 p.24

❶ 次の動詞の過去形を書きなさい。

(1) help ＿＿＿＿＿＿

(2) watch ＿＿＿＿＿＿

(3) enjoy ＿＿＿＿＿＿

(4) use ＿＿＿＿＿＿

(5) close ＿＿＿＿＿＿

(6) carry ＿＿＿＿＿＿

(7) cry ＿＿＿＿＿＿

(8) stop ＿＿＿＿＿＿

❷ 次の日本文に合う英文になるように，＿＿＿に適する語を書きなさい。

(1) 私はおばの家を訪れました。

I ＿＿＿＿＿＿ my aunt's house.

(2) 彼は学校へ歩いていきました。

He ＿＿＿＿＿＿ to school.

(3) アンナはカナダに住んでいました。

Anna ＿＿＿＿＿＿ in Canada.

(4) 私たちは日本語を勉強しました。

We ＿＿＿＿＿＿ Japanese.

❸ 次の文の文末に yesterday をつけ加えて書きかえるとき，＿＿＿に適する語を書きなさい。

(1) I listen to music.

I ＿＿＿＿＿＿ to music yesterday.

(2) She talks with Mr. Smith.

She ＿＿＿＿＿＿ with Mr. Smith yesterday.

(3) We dance together.

We ＿＿＿＿＿＿ together yesterday.

(4) Mike tries his best.

Mike ＿＿＿＿＿＿ his best yesterday.

ちょこっとインプット

ヒント

❶ 規則動詞の過去形の作り方
 ①大部分の語
  →ed をつける
 ②語尾が e の語
  →d をつける
 ③語尾が〈子音字＋y〉の語
  →y を i にかえて ed をつける
 ④語尾が〈短母音＋子音字〉の語
  →子音字を重ねて ed をつける

❷ (1)「～を訪れる」は visit。
(2)「～へ歩いていく」は walk to ～。
(3)「住んでいる」は live。
(4)「～を勉強する」は study。

❸ yesterday は「昨日」という意味。
(2) talks の原形は talk。
(3) dance は e で終わる語。
(4) tries の原形は try。try one's best は「全力を尽くす」という意味。

4 次の英文を日本文になおしなさい。

(1) I played the guitar.

(　　　　　　　　　　　　　　　　　　　　　　　　　　　　　)

(2) We washed the dishes last night.

(　　　　　　　　　　　　　　　　　　　　　　　　　　　　　)

(3) My mother used this bike last Sunday.

(　　　　　　　　　　　　　　　　　　　　　　　　　　　　　)

(4) He carried my bag yesterday.

(　　　　　　　　　　　　　　　　　　　　　　　　　　　　　)

5 次の日本文に合う英文になるように，（　）内の語句を並べかえなさい。
[文頭の文字も小文字になっていることがあります]

(1) 私はテニスの試合を見ました。(a / watched / I / tennis match / .)

_____

(2) 彼らは昨日，パーティーを楽しみました。

(yesterday / the party / they / enjoyed / .)

_____

(3) 昨夜，雨がやみました。(stopped / night / the rain / last / .)

_____

(4) 私たちは先週，日本に滞在しました。(week / in / stayed / Japan / we / last / .)

_____

6 次の日本文を英文になおしなさい。

(1) 私は昨年，オーストラリアに住んでいました。

_____

(2) 彼女は昨日，この部屋を掃除しました。

_____

(3) 健(Ken)はこの前の金曜日に理科を勉強しました。

_____

(4) 彼らは体育館でバスケットボールを練習しました。

_____

らくらく
マルつけ

Ba-38

OUTPUT! 39

一般動詞（過去）の文（不規則動詞）

Bi-39

答えと解き方 ➡ 別冊 p.24

❶ 次の動詞の過去形を書きなさい。

(1) make ＿＿＿＿＿＿＿　(2) see ＿＿＿＿＿＿＿

(3) take ＿＿＿＿＿＿＿　(4) buy ＿＿＿＿＿＿＿

(5) do ＿＿＿＿＿＿＿　(6) get ＿＿＿＿＿＿＿

(7) run ＿＿＿＿＿＿＿　(8) have ＿＿＿＿＿＿＿

> 🔍 **ヒント**
> ❶ すべて不規則に変化して過去形を作る動詞。

❷ 次の日本文に合う英文になるように，＿＿＿に適する語を書きなさい。

(1) 私のいとこが昨日，私の家に来ました。

My cousin ＿＿＿＿＿＿＿＿＿ to my house yesterday.

(2) 拓は今朝，7時に起きました。

Taku ＿＿＿＿＿＿＿＿＿ up at seven this morning.

(3) 私は昨夜，早く寝ました。

I ＿＿＿＿＿＿＿＿＿ to bed early last night.

(4) 私の妹は自分の部屋で宿題をしました。

My sister ＿＿＿＿＿＿＿＿＿ her homework in her room.

> ❷ (1)「〜に来る」は come to 〜。
> (2)「起きる」は get up。this morning は「今朝」という意味。
> (3)「寝る」は go to bed。
> (4)「宿題をする」は do one's homework。

❸ 次の文の文末に（ ）内の語句をつけ加えて書きかえるとき，＿＿＿に適する語を書きなさい。

(1) She makes a cake. (yesterday)

She ＿＿＿＿＿＿＿＿＿ a cake yesterday.

(2) I write a letter in English. (last night)

I ＿＿＿＿＿＿＿＿＿ a letter in English last night.

(3) My brother eats an apple. (yesterday morning)

My brother ＿＿＿＿＿＿＿＿＿ an apple yesterday morning.

(4) Sayaka reads this book. (two weeks ago)

Sayaka ＿＿＿＿＿＿＿＿＿ this book two weeks ago.

> ❸ (1) yesterday は「昨日」という意味。
> (2) last night は「昨夜」という意味。
> (3) yesterday morning は「昨日の朝」という意味。
> (4) two weeks ago は「2週間前に」という意味。

4 次の英文を日本文になおしなさい。

(1) I bought a new bag yesterday.

(　　　　　　　　　　　　　　　　　　　　　　　　　　　　　　　)

(2) She went to the zoo last week.

(　　　　　　　　　　　　　　　　　　　　　　　　　　　　　　　)

(3) My mother made curry last night.

(　　　　　　　　　　　　　　　　　　　　　　　　　　　　　　　)

(4) I took a picture of my cat three days ago.

(　　　　　　　　　　　　　　　　　　　　　　　　　　　　　　　)

5 次の日本文に合う英文になるように，（ ）内の語句を並べかえなさい。
[文頭の文字も小文字になっていることがあります]

(1) 私たちは昼食にパンを食べました。(for / we / lunch / bread / had / .)

(2) 父は昨夜, 遅くに帰宅しました。(father / home / night / my / came / last / late / .)

(3) 私はこの前の土曜日に映画を見ました。(Saturday / movie / last / saw / a / I / .)

(4) そのイヌは昨日, 公園を走りました。(the park / ran / yesterday / the dog / in / .)

6 次の日本文を英文になおしなさい。

(1) 彼は先月, 1通の手紙を書きました。

(2) 私の祖父は昨日, 5時に起きました。

(3) リサ(Lisa)は先週, この本を読みました。

(4) 私は夕食の前に風呂に入りました。

らくらく
マルつけ

Ba-39

40 一般動詞（過去）の疑問文と答え方

Bi-40

答えと解き方 ➡ 別冊 p.25

---

❶ 次の日本文に合うように（　）内から適するほうを選び，〇でかこみなさい。

(1) あなたは昨日，公園に行きましたか。

（ Do/ Did ）you go to the park yesterday?

(2) 彼は昨晩，あなたに電話しましたか。

（ Did / Does ）he call you last night?

(3) 彼らは先週，その映画を見ましたか。

Did they (saw / see) the movie last week?

ヒント

❶ (1)(2)「～しましたか」という過去の疑問文。
(3)過去の疑問文での動詞の形に注意する。

---

❷ ＿＿＿＿に適する語を書いて，答えの文を完成させなさい。

(1) Did you play the piano yesterday?

— Yes, I ＿＿＿＿＿＿＿＿＿ .

(2) Did she make lunch today?

— No, she ＿＿＿＿＿＿＿ ＿＿＿＿＿＿＿ .

(3) Did your brother practice baseball last Friday?

— No, he ＿＿＿＿＿＿＿ .

❷ (1) Did ～? の文に Yes で答えている。
(2) Did ～? の文に No で答えている。
(3)空所が 1 つだけなので，短縮形を使う。

---

❸ 次の文を疑問文に書きかえるとき，＿＿＿に適する語を書きなさい。

(1) You studied math yesterday.

＿＿＿＿＿＿＿＿＿ you study math yesterday?

(2) Aya lived in Osaka last year.

＿＿＿＿＿＿＿＿＿ Aya ＿＿＿＿＿＿＿ in Osaka last year?

(3) You ate pizza last night.

＿＿＿＿＿＿＿＿＿ you ＿＿＿＿＿＿＿ pizza last night?

(4) He took pictures at the zoo.

＿＿＿＿＿＿＿＿＿ ＿＿＿＿＿＿＿＿＿

pictures at the zoo?

❸ (1)過去の文を疑問文にするときは，Did を主語の前に置く。
(2)過去の疑問文では，動詞は原形を使う。
(3) ate は不規則動詞の過去形。
(4) took は不規則動詞の過去形。

4 次の英文を日本文になおしなさい。

(1) Did he get up early this morning?

(　　　　　　　　　　　　　　　　　　　　　　　　　　　　)

(2) Did you help your parents yesterday?

(　　　　　　　　　　　　　　　　　　　　　　　　　　　　)

(3) Did your uncle stay in Kyoto last month?

(　　　　　　　　　　　　　　　　　　　　　　　　　　　　)

(4) Did they run in the park three days ago?

(　　　　　　　　　　　　　　　　　　　　　　　　　　　　)

5 次の日本文に合う英文になるように，（ ）内の語句を並べかえなさい。
[文頭の文字も小文字になっていることがあります]

(1) 彼女は昨日, 宿題をしましたか。(do / she / her homework / did / yesterday / ?)

(2) あなたは自転車で学校に行きましたか。(by / school / you / did / to / bike / go / ?)

(3) 彼らは昨夜，パーティーを楽しみましたか。
(last / they / the party / did / night / enjoy / ?)

(4) あなたたちは先週, 東京を訪れましたか。(Tokyo / you / week / visit / did / last / ?)

6 次の日本文を英文になおしなさい。

(1) あなたは昨日，早く寝ましたか。

(2) ((1)の答えとして)はい，寝ました。

(3) 佐藤先生(Ms. Sato)はこの前の金曜日にあなたと話しましたか。

(4) ((3)の答えとして)いいえ，話しませんでした。

41 一般動詞（過去）の否定文

Bi-41

答えと解き方 ➡ 別冊 p.25

❶ 次の日本文に合うように（　）内から適するほうを選び，○でかこみなさい。

(1) 私は図書館に行きませんでした。

I (do / did) not go to the library.

(2) 彼女は今朝，朝食を食べませんでした。

She (didn't / doesn't) have breakfast this morning.

(3) 私たちは昨日，音楽を聞きませんでした。

We did not (listened / listen) to music yesterday.

❷ 次の日本文に合う英文になるように，＿＿＿に適する語を書きなさい。

(1) ナンシーはそのくつを買いませんでした。

Nancy ＿＿＿＿＿＿＿＿＿＿ ＿＿＿＿＿＿＿＿＿＿ buy the shoes.

(2) 私は昨日，その手紙を読みませんでした。

I ＿＿＿＿＿＿＿＿＿＿ read the letter yesterday.

(3) 太田さんは昨夜，テレビを見ませんでした。

Mr. Ota ＿＿＿＿＿＿＿＿＿＿ ＿＿＿＿＿＿＿＿＿＿ TV last night.

❸ 次の文を否定文に書きかえるとき，＿＿＿に適する語を書きなさい。

(1) Emi cooked lunch yesterday.

Emi ＿＿＿＿＿＿＿＿＿＿ not cook lunch yesterday.

(2) I did my homework today.

I ＿＿＿＿＿＿＿＿＿＿ ＿＿＿＿＿＿＿＿＿＿ do my homework today.

(3) He wrote his name on his cap.

He ＿＿＿＿＿＿＿＿＿＿ not ＿＿＿＿＿＿＿＿＿＿ his name on his cap.

(4) They cleaned the kitchen.

They ＿＿＿＿＿＿＿＿＿＿ the kitchen.

ヒント

❶ (1)(2)「～しませんでした」という過去の否定文。
(3)過去の否定文での動詞の形に注意する。

❷ (1)過去の否定文では did を使う。
(2)空所が1つだけなので，短縮形を使う。
(3)否定文では動詞の原形を使う。空所が2つだけなので，短縮形を使う。

❸ (1)(2)過去の否定文では did を使う。
(3)否定文では動詞の原形を使う。
(4)空所が2つだけなので，短縮形を使う。kitchen は「台所，キッチン」という意味。

4 次の英文を日本文になおしなさい。

(1) My father did not use his car yesterday.

(　　　　　　　　　　　　　　　　　　　　　　　　　)

(2) She did not play badminton last Monday.

(　　　　　　　　　　　　　　　　　　　　　　　　　)

(3) I didn't study science at home yesterday.

(　　　　　　　　　　　　　　　　　　　　　　　　　)

(4) We didn't live here last year.

(　　　　　　　　　　　　　　　　　　　　　　　　　)

5 次の日本文に合う英文になるように，( )内の語を並べかえなさい。
[文頭の文字も小文字になっていることがあります]

(1) 私は先週，彼に会いませんでした。(see / week / did / him / last / I / not / .)

(2) あなたは昨日，学校に来ませんでした。

(to / not / you / come / did / school / yesterday / .)

(3) 彼は昨夜，お母さんを手伝いませんでした。

(mother / didn't / night / last / he / help / his / .)

6 次の日本文を英文になおしなさい。

(1) 彼女は昨夜，皿を洗いませんでした。

(2) 彼らは昨日，プールで泳ぎませんでした。

(3) 私は 10 年前は野菜が好きではありませんでした。

(4) 私のネコはこの魚を食べませんでした。

42 be 動詞（過去）の文

ちょこっと
インプット

Bi-42

答えと解き方➡別冊 p.26

① 次の日本文に合うものを（ ）内から選び，記号で答えなさい。

(1) 私は今日，幸せでした。 （ ）

I（ ア am イ was ウ were ）happy today.

(2) 彼は昨夜，家にいました。 （ ）

He（ ア is イ was ウ were ）at home last night.

(3) これらの映画は昨年，人気がありました。 （ ）

These movies（ ア are イ was ウ were ）popular last year.

② 次の日本文に合う英文になるように，____ に適する語を書きなさい。

(1) 私のネコは 10 分前はいすの上にいました。

My cat _____ on the chair ten minutes ago.

(2) 私たちは昨日，いそがしかったです。

We _____ busy yesterday.

(3) 私は昨年，学生でした。

I _____ a student last year.

③ 次の文を〔 〕内の指示にしたがって書きかえるとき，____ に適する語を書きなさい。

(1) I'm free <u>now</u>.〔下線部を yesterday にかえて〕

_____ _____ free yesterday.

(2) They're in the classroom.〔文末に an hour ago を加えて〕

_____ _____ in the classroom an hour ago.

(3) <u>That book</u> was easy.〔下線部を Those books にかえて〕

Those books _____ easy.

ヒント

❶ am，is の過去形は was，are の過去形は were。

❷ (1)「（～に）いる[ある]」は be 動詞で表す。主語は 3 人称・単数。
(2)主語は複数。
(3)主語は I。

❸ (1) yesterday は過去を表す語。
(2) an hour ago は過去を表す語句。
(3) That book が Those books と複数になる。

4 次の英文を日本文になおしなさい。

(1) I was at the station yesterday afternoon.

( )

(2) These dogs were small last year.

( )

(3) We were sad then.

( )

(4) My grandmother was a teacher five years ago.

( )

5 次の日本文に合う英文になるように，（ ）内の語句を並べかえなさい。
[文頭の文字も小文字になっていることがあります]

(1) サラの赤ちゃんはかわいかったです。(Sarah's baby / cute / was / .)

(2) あなたは昨日，大阪にいました。(Osaka / were / yesterday / you / in / .)

(3) 私は先週，病気でした。(sick / I / last / was / week / .)

(4) あの生徒たちはとても親切でした。(very / students / kind / those / were / .)

6 次の日本文を英文になおしなさい。

(1) 私たちは昨夜，ひまでした。

(2) 私の姉はそのとき，高校生でした。

(3) これらの問題は難しかったです。

(4) 私は3年前，カナダにいました。

OUTPUT! 43

be 動詞（過去）の疑問文と答え方

ちょこっと
インプット

Bi-43

答えと解き方 ➡ 別冊 p.27

1 次の日本文に合うものを（ ）内から選び，記号で答えなさい。

(1) あなたは昨日，ひまでしたか。 （ ）

　（ ア Was　　イ Were　　ウ Are ）you free yesterday?

(2) 彼らはそのとき，学生でしたか。 （ ）

　（ ア Was　　イ Were　　ウ Are ）they students then?

(3) この腕時計は机の上にありましたか。 （ ）

　（ ア Was　　イ Were　　ウ Is ）this watch on the desk?

💡 **ヒント**

1 (1)主語は you。
(2)主語は they。
(3)主語は this watch。

2 ＿＿に適する語を書いて，答えの文を完成させなさい。

(1) Were you at home last night?

　— Yes, I ＿＿＿＿＿＿＿＿ .

(2) Were you and Emi tired yesterday?

　— Yes, we ＿＿＿＿＿＿＿＿ .

(3) Was your father a doctor?

　— No, he ＿＿＿＿＿＿＿ ＿＿＿＿＿＿＿ .

(4) Were these books interesting?

　— No, they ＿＿＿＿＿＿＿ .

(5) Were you sleepy then? — No, I ＿＿＿＿＿＿＿ .

2 (1) Yes で答えている。答えの文の主語はI。
(2) Yes で答えている。答えの文の主語は we。tired は「疲れた」という意味。
(3) No で答えている。答えの文の主語は he。
(4)(5)空所が 1 つだけなので，短縮形を使う。

3 次の文を〔 〕内の指示にしたがって書きかえるとき，＿＿に適する語を書きなさい。

(1) You were happy yesterday.〔疑問文に〕

　＿＿＿＿＿＿＿ ＿＿＿＿＿＿＿ happy yesterday?

(2) He was a good soccer player.〔疑問文に〕

　＿＿＿＿＿＿＿ ＿＿＿＿＿＿＿ a good soccer player?

(3) Was the boy in the gym?〔下線部を boys にかえて〕

　＿＿＿＿＿＿＿ the boys in the gym?

3 (1)(2)主語と be 動詞の語順に注意。
(3) boy が boys と複数になるということは…？

4 次の英文を日本文になおしなさい。

(1) Was she an English teacher last year?

 (   )

(2) Were those pictures beautiful?

 (   )

(3) Were you at school yesterday morning?

 (   )

(4) Was my bag by the door then?

 (   )

5 次の日本文に合う英文になるように，（　）内の語句を並べかえなさい。
[文頭の文字も小文字になっていることがあります]

(1) あなたは今朝，眠かったですか。(morning / you / were / this / sleepy / ？)

(2) そのカレーはおいしかったですか。(the / was / delicious / curry / ？)

(3) 彼の妹は先週，病気でしたか。

(sister / was / last / his / sick / week / ？)

(4) 彼女たちは昨夜，公園にいましたか。(the park / they / night / were / in / last / ？)

6 次の日本文を英文になおしなさい。

(1) あの男性たちは先月，いそがしかったですか。

(2) ((1)の答えとして)はい，いそがしかったです。

(3) あなたは昨日の夕方，自分の部屋にいましたか。

(4) ((3)の答えとして)いいえ，いませんでした。

らくらく
マルつけ

Ba-43

Bi-44

44 be 動詞（過去）の否定文

答えと解き方➡別冊 p.27

1 次の日本文に合うものを（ ）内から選び，記号で答えなさい。

(1) 私は昨夜，いそがしくありませんでした。　　　（　　　）

I （ ア were　　イ was　　ウ am ） not busy last night.

(2) 私の母は料理人ではありませんでした。　　　（　　　）

My mother （ ア was　　イ isn't　　ウ wasn't ） a cook.

(3) 私のペンはかばんの中にありませんでした。　　（　　　）

My pens （ ア weren't　　イ wasn't　　ウ aren't ） in my bag.

ヒント
1 (1)「～ではありませんでした」という過去の否定文。
(2)あとに not がないことに注意する。
(3)主語は my pens。

2 次の日本文に合う英文になるように，＿＿に適する語を書きなさい。

(1) 彼は 2 年前，教師ではありませんでした。

He ＿＿＿＿＿＿＿＿＿＿＿＿ a teacher two years ago.

(2) あなたはそのとき，家にいませんでした。

You ＿＿＿＿＿＿＿＿ at home then.

(3) その映画はおもしろくありませんでした。

The movie ＿＿＿＿＿＿＿＿ interesting.

2 (1)主語が he の過去の否定文。
(2)主語が you の過去の否定文。空所が 1 つだけなので，短縮形を使う。
(3)主語が the movie の過去の否定文。空所が 1 つだけなので，短縮形を使う。

3 次の文を〔 〕内の指示にしたがって書きかえるとき，＿＿に適する語を書きなさい。

(1) We were happy then.〔否定文に〕

We ＿＿＿＿＿＿＿＿＿＿＿＿ happy then.

(2) I'm not a student.〔文末に three years ago を加えて〕

I ＿＿＿＿＿＿＿＿＿＿＿＿ a student three years ago.

(3) She wasn't careful.〔下線部を You にかえて〕

You ＿＿＿＿＿＿＿ careful.

3 (1) not を置く。
(2) three years ago は過去を表す語句。
(3)主語に合わせて be 動詞をかえる。空所が 1 つだけなので，短縮形を使う。

4 次の英文を日本文になおしなさい。

(1) My father was not in the living room then.

(　　　　　　　　　　　　　　　　　　　　　　　　　　　　　　)

(2) We were not classmates last year.

(　　　　　　　　　　　　　　　　　　　　　　　　　　　　　　)

(3) These books weren't difficult.

(　　　　　　　　　　　　　　　　　　　　　　　　　　　　　　)

(4) I wasn't a college student four months ago.

(　　　　　　　　　　　　　　　　　　　　　　　　　　　　　　)

5 次の日本文に合う英文になるように，( )内の語句を並べかえなさい。
[文頭の文字も小文字になっていることがあります]

(1) 私はそのとき，教室にいませんでした。(was / the classroom / then / I / in / not / .)

_____

(2) 私たちは昨夜，ひまではありませんでした。

(free / we / last / not / were / night / .)

_____

(3) そのサッカーの試合はわくわくさせるものではありませんでした。

(game / exciting / the / wasn't / soccer / .)

_____

(4) その女の子たちは5年前，テニスファンではありませんでした。

(years / those / ago / weren't / five / girls / tennis fans / .)

_____

6 次の日本文を英文になおしなさい。

(1) 私の母は台所にいませんでした。

_____

(2) 彼女たちは昨日，疲れていませんでした。

_____

(3) あなたはこの前の月曜日，日本にいませんでした。

_____

らくらく
マルつけ

Ba-44

91

45 過去進行形の文

Bi-45

答えと解き方 ➡ 別冊 p.28

❶ 次の日本文に合うものを（　）内から選び，記号で答えなさい。

(1) 私は父を手伝っていました。　　　　　　　　（　　　　）

I（ ア am　　イ was　　ウ were ）helping my father.

(2) 彼らは写真を撮っていました。　　　　　　　（　　　　）

They（ ア were　　イ are　　ウ was ）taking pictures.

(3) その女の子はギターを弾いていました。　　　（　　　　）

The girl was（ ア play　　イ played　　ウ playing ）the guitar.

❷ 次の日本文に合う英文になるように，＿＿に適する語を書きなさい。

(1) 私は皿を洗っていました。

I ＿＿＿＿＿＿＿＿ washing the dishes.

(2) 彼は数学を勉強していました。

He ＿＿＿＿＿＿ ＿＿＿＿＿＿ math.

(3) 私たちは泳いでいました。

We ＿＿＿＿＿＿ ＿＿＿＿＿＿ .

❸ 次の文を過去進行形の文に書きかえるとき，＿＿に適する語を書きなさい。

(1) Emma is using her computer.

Emma ＿＿＿＿＿＿ ＿＿＿＿＿＿ her computer.

(2) My brothers are watching TV.

My brothers ＿＿＿＿＿＿ ＿＿＿＿＿＿ TV.

(3) I wrote a letter.

I ＿＿＿＿＿＿ ＿＿＿＿＿＿ a letter.

ヒント

❶ (1)(2)過去にしていたことを表す文。主語によって be 動詞を使い分ける。
(3)前に be 動詞があることに注目。

❷ 「～していました」は〈was[were] + 動詞の ing 形〉。
(1)主語が I。
(2)主語が he。
(3)主語が we。動詞の ing 形の作り方に気をつける。

❸ (1)(2) be 動詞を過去形にする。
(3) wrote は write の過去形。

4 次の英文を日本文になおしなさい。

(1) I was singing a song then.

(　　　　　　　　　　　　　　　　　　　　　　　　　　）

(2) My parents were staying in Osaka.

(　　　　　　　　　　　　　　　　　　　　　　　　　　）

(3) We were watching a movie yesterday afternoon.

(　　　　　　　　　　　　　　　　　　　　　　　　　　）

(4) He was taking a bath at eight last night.

(　　　　　　　　　　　　　　　　　　　　　　　　　　）

5 次の日本文に合う英文になるように，（　）内の語句を並べかえなさい。
[文頭の文字も小文字になっていることがあります]

(1) 生徒たちは教室を掃除していました。

(students / were / the / their classroom / cleaning / .)

_____

(2) 私は母と散歩をしていました。(walking / my / I / with / mother / was / .)

_____

(3) 彼らは昨日の正午に昼食を食べていました。

(noon / having / were / lunch / they / at) yesterday.

_____ yesterday.

6 次の日本文を英文になおしなさい。

(1) あなたは日本語の本を読んでいました。

_____

(2) 彼女は公園でテニスを練習していました。

_____

(3) 私の弟はいすに座っていました。

_____

(4) 私たちはそのとき，眠っていました。

_____

過去進行形の疑問文と答え方

Bi-46

答えと解き方 ➡ 別冊 p.28

❶ 次の日本文に合うように（　）内から適するほうを選び，○でかこみなさい。

(1) あなたは夕食を料理していたのですか。

（ Are / Were ）you cooking dinner?

(2) 舞と久美は教室で話していたのですか。

（ Were / Was ）Mai and Kumi talking in the classroom?

(3) あなたのお兄さんは車を運転していたのですか。

（ Did / Was ）your brother driving his car?

(4) 彼らはテレビゲームをしていたのですか。

Were they (playing / play) video games?

❷ ＿＿に適する語を書いて，答えの文を完成させなさい。

(1) Were you cleaning your room?

— Yes, I ＿＿＿＿＿＿＿ .

(2) Were the boys running along the river?

— No, they ＿＿＿＿＿＿＿ ＿＿＿＿＿＿＿ .

(3) Was she listening to music then?

— No, she ＿＿＿＿＿＿＿ .

❸ 次の文を〔　〕内の指示にしたがって書きかえるとき，＿＿に適する語を書きなさい。

(1) You were making *okonomiyaki*.〔疑問文に〕

＿＿＿＿＿＿＿ ＿＿＿＿＿＿＿ making *okonomiyaki*?

(2) He was working at two yesterday.〔疑問文に〕

＿＿＿＿＿＿＿ ＿＿＿＿＿＿＿ working at two yesterday?

(3) Did they study math?〔「〜していたのですか」という文に〕

＿＿＿＿＿＿＿ ＿＿＿＿＿＿＿ math?

ヒント

❶ (1)「〜していたのですか」という日本文に注目。
(2)主語に合わせて be 動詞を使い分ける。
(3)動詞の ing 形があることに注意する。
(4)be 動詞があることに注意する。

❷ (1) Yes で答えている。答えの文の主語は I。
(2) No で答えている。答えの文の主語は they。along は「〜に沿って」という意味。
(3)空所が1つだけなので，短縮形を使う。

❸ (1)(2)主語と be 動詞の語順に注意する。
(3)過去進行形の疑問文にする。

4 次の英文を日本文になおしなさい。

(1) Was Ms. Green practicing the guitar?

(　　　　　　　　　　　　　　　　　　　　　　　　　　　　)

(2) Were you taking pictures of birds?

(　　　　　　　　　　　　　　　　　　　　　　　　　　　　)

(3) Were your children swimming in the sea then?

(　　　　　　　　　　　　　　　　　　　　　　　　　　　　)

(4) Was he watching TV at three yesterday afternoon?

(　　　　　　　　　　　　　　　　　　　　　　　　　　　　)

5 次の日本文に合う英文になるように，（　）内の語を並べかえなさい。
[文頭の文字も小文字になっていることがあります]

(1) あなたはお母さんを手伝っていたのですか。

(helping / your / you / were / mother / ?)

_____

(2) あなたのイヌはそのとき，眠っていたのですか。(dog / sleeping / was / then / your / ?)

_____

(3) 彼らは宿題をしていたのですか。(were / homework / they / their / doing / ?)

_____

(4) その男性はそこに立っていたのですか。(man / the / was / there / standing / ?)

_____

6 次の日本文を英文になおしなさい。

(1) あなたとあなたのお兄さんはテニスをしていたのですか。

_____

(2) ((1)の答えとして)はい，していました。

_____

(3) 彼女はそのとき，朝食を食べていたのですか。

_____

(4) ((3)の答えとして)いいえ，食べていませんでした。

_____

ちょこっと
インプット

Bi-47

47 過去進行形の否定文

答えと解き方 ➡ 別冊 p.29

1 次の日本文に合うものを（　）内から選び，記号で答えなさい。

(1) 私は勉強していませんでした。　　　　　　　（　　　）

　　I（ ア were　　イ was　　ウ am ）not studying.

(2) ジムは散歩をしていませんでした。　　　　　（　　　）

　　Jim（ ア isn't　　イ wasn't　　ウ was ）taking a walk.

(3) 彼らは走っていませんでした。　　　　　　　（　　　）

　　They weren't（ ア run　　イ ran　　ウ running ）.

2 次の日本文に合う英文になるように，＿＿＿に適する語を書きなさい。

(1) 私たちは昼食を食べていませんでした。

　　We ＿＿＿＿＿＿ ＿＿＿＿＿＿ having lunch.

(2) メアリーは友だちと話していませんでした。

　　Mary ＿＿＿＿＿ not ＿＿＿＿＿ with her
　　friend.

(3) 私の姉たちはそのとき，おどっていませんでした。

　　My sisters ＿＿＿＿＿＿ ＿＿＿＿＿＿ then.

3 次の文を〔　〕内の指示にしたがって書きかえるとき，＿＿＿に適する語を書きなさい。

(1) He was washing the dishes. 〔否定文に〕

　　He ＿＿＿＿＿ ＿＿＿＿＿ washing the dishes.

(2) The <u>girl</u> wasn't listening to music.

　　　　　　　　　　　　〔下線部を girls にかえて〕

　　The girls ＿＿＿＿＿ ＿＿＿＿＿ to music.

(3) I didn't use my bike. 〔「～していませんでした」という文に〕

　　I ＿＿＿＿＿＿＿＿＿ my bike.

🔔 **ヒント**

1 (1)「～していませんでした」という日本文に注目。

(2)あとに not がないことに注意する。take a walk は「散歩する」という意味。

(3) be 動詞があることに注意する。

2 (1)過去進行形の否定文は，be 動詞の過去の否定文と同じように作る。

(2)否定文でも動詞の ing 形を使う。

(3)空所が2つだけなので，短縮形を使う。

3 (1) not を置く。

(2)主語に合わせて be 動詞をかえる。空所が2つだけなので，短縮形を使う。

(3)過去進行形の否定文にする。空所が1つだけなので，短縮形を使う。

❹ 次の英文を日本文になおしなさい。

(1) I was not reading a comic book.

(　　　　　　　　　　　　　　　　　　　　　　　　　　)

(2) She wasn't riding a unicycle.

(　　　　　　　　　　　　　　　　　　　　　　　　　　)

(3) We were not staying at this hotel then.

(　　　　　　　　　　　　　　　　　　　　　　　　　　)

(4) Those cats weren't sitting on the sofa this morning.

(　　　　　　　　　　　　　　　　　　　　　　　　　　)

❺ 次の日本文に合う英文になるように，（ ）内の語句を並べかえなさい。
[文頭の文字も小文字になっていることがあります]

(1) 私はケーキを作っていませんでした。(not / cake / I / a / making / was / .)

_____

(2) 彼は風呂に入っていませんでした。(wasn't / a bath / taking / he / .)

_____

(3) 彼らは野球の試合を見ていませんでした。

(watching / were / they / the baseball / not / game / .)

_____

(4) 先生たちは修学旅行について話していませんでした。

(about / the teachers / talking / weren't / the school trip / .)

_____

❻ 次の日本文を英文になおしなさい。

(1) 彼女は絵を描いていませんでした。

_____

(2) 裕太(Yuta)はそのとき，この手紙を読んでいませんでした。

_____

(3) 私たちは歌っていませんでした。

_____

らくらく
マルつけ

Ba-47

97

What ～? の文

Bi-48

答えと解き方 ➡ 別冊 p.30

1 次の日本文に合うように（　）内から適するほうを選び，〇でかこみなさい。

(1) たこ焼きとは何ですか。

(It / What) is *takoyaki*?

(2) あれは何ですか。

What (is / are) that?

(3) あなたは何を勉強しますか。

What (do / are) you study?

2 次の日本文に合う英文になるように，＿＿＿に適する語を書きなさい。

(1) これらは何ですか。

＿＿＿＿＿＿　＿＿＿＿＿＿ these?

(2) 彼は手に何を持っていますか。

＿＿＿＿＿＿　＿＿＿＿＿＿ he have in his hand?

(3) あなたは何の動物が好きですか。

＿＿＿＿＿＿　＿＿＿＿＿＿ do you like?

3 次の文を下線部をたずねる疑問文に書きかえるとき，＿＿＿に適する語を書きなさい。

(1) This is <u>a hospital</u>.

＿＿＿＿＿＿ is ＿＿＿＿＿＿ ?

(2) You want <u>a notebook</u>.

＿＿＿＿＿＿ ＿＿＿＿＿＿ want?

(3) She plays <u>tennis</u>.

＿＿＿＿＿＿ she ＿＿＿＿＿＿ ?

🧠 ヒント

❶ (1)「何？」を表す語を選ぶ。
(2)主語は that。
(3)一般動詞を使った疑問文。

❷ (1)「～は何ですか」は〈What + be 動詞 + 主語 ?〉で表す。
(2)「何を～しますか」は〈What do[does] + 主語 + 動詞の原形～ ?〉で表す。
(3)「何の…」は〈what + 名詞〉で表す。

❸ 下線部を「何？」とたずねる文にする。
(1)be 動詞を使った疑問文。
(2)主語が you の一般動詞を使った疑問文。
(3)主語が she の一般動詞を使った疑問文。

❹ 次の英文を日本文になおしなさい。

(1) What's that?

(　　　　　　　　　　　　　　　　　　　　　　　　　)

(2) What did you read yesterday?

(　　　　　　　　　　　　　　　　　　　　　　　　　)

(3) What is he doing now?

(　　　　　　　　　　　　　　　　　　　　　　　　　)

(4) What language can you speak?

(　　　　　　　　　　　　　　　　　　　　　　　　　)

❺ 次の日本文に合う英文になるように，（ ）内の語句を並べかえなさい。
[文頭の文字も小文字になっていることがあります]

(1) 野田さんは朝食に何を食べますか。

(for / have / Mr. Noda / breakfast / does / what / ?)

_____

(2) あれらは何ですか。(those / what / are / ?)

_____

(3) あなたは昨夜，何のテレビ番組を見ましたか。

(did / last night / TV program / you / what / watch / ?)

_____

(4) 彼らはそのとき，何を作っていたのですか。

(making / they / then / were / what / ?)

_____

❻ 次の日本文を英文になおしなさい。

(1) 彼女は何を料理することができますか。

_____

(2) あなたは何の果物が好きですか。

_____

(3) あの男の子たちは今，何を練習しているのですか。

_____

らくらく
マルつけ

Ba-48

99

49 What time 〜？ の文

Bi-49

答えと解き方 ➡ 別冊 p.30

1 次の日本文に合うように（　）内から適するほうを選び，〇でかこみなさい。

(1) 今，何時ですか。

(What time / What) is it now?

(2) あなたは何時に起きますか。

What time (are / do) you get up?

(3) 彼は昨日，何時に学校に来ましたか。

What time (does / did) he come to school yesterday?

2 次の日本文に合う英文になるように，＿＿＿に適する語を書きなさい。

(1) 何時ですか。

What ＿＿＿＿＿ is ＿＿＿＿＿？

(2) あなたは何時に朝食を食べますか。

＿＿＿＿＿ ＿＿＿＿＿ do you have breakfast?

(3) 彼女は何時に家を出ますか。

＿＿＿＿＿ time ＿＿＿＿＿ she leave home?

3 次の文を下線部をたずねる疑問文に書きかえるとき，＿＿＿に適する語を書きなさい。

(1) They study English <u>at four</u>.

＿＿＿＿＿ time ＿＿＿＿＿ they study English?

(2) He came home <u>at six</u> yesterday.

＿＿＿＿＿ ＿＿＿＿＿ did he ＿＿＿＿＿ home yesterday?

(3) It's <u>ten fifty</u> now.

＿＿＿＿＿ ＿＿＿＿＿ it now?

ヒント

1 (1)「何時」を表すものを選ぶ。
(2)一般動詞を使った疑問文。
(3)過去の疑問文。

2 (1)時を表す文では，主語に it を使う。
(2)「何時？」は what time で表す。
(3)「何時に〜しますか」は〈What time do[does] ＋ 主語 ＋ 動詞の原形〜？〉で表す。

3 下線部を「何時？」とたずねる文にする。
(1)主語が they の一般動詞を使った現在の疑問文。
(2)一般動詞を使った過去の疑問文。
(3)be 動詞を使った疑問文。

4 次の英文を日本文になおしなさい。

(1) What time is it now?

( )

(2) What time does your father go to work?

( )

(3) What time do you usually go to bed?

( )

(4) What time did they have lunch?

( )

5 次の日本文に合う英文になるように，（ ）内の語句を並べかえなさい。
[文頭の文字も小文字になっていることがあります]

(1) あなたたちは何時にテニスを練習しますか。

(practice / do / time / tennis / you / what / ?)

(2) その店は何時に開店しますか。(does / open / what / the store / time / ?)

(3) 彼は昨日，何時に風呂に入りましたか。

(time / he / yesterday / a bath / what / take / did / ?)

(4) あなたは何時にパーティーに来ることができますか。

(you / to / what / the party / can / time / come / ?)

6 次の日本文を英文になおしなさい。

(1) あなたは昨夜，何時に宿題をしましたか。

(2) あなたのお姉さんは何時に学校に行きますか。

(3) 今，何時ですか。

Who ～? の文

答えと解き方 ➡ 別冊 p.31

❶ 次の日本文に合うように（　）内から適するほうを選び，〇でかこみなさい。

(1) あちらはだれですか。

　　(What / Who) is that?

(2) この女の子はだれですか。

　　(Who's / Who) this girl?

(3) だれが数学を教えますか。

　　Who (teach / teaches) math?

❷ 次の日本文に合う英文になるように，＿＿＿に適する語を書きなさい。

(1) この背の高い男の子はだれですか。

　　＿＿＿＿＿＿＿＿＿ this tall boy?

(2) あちらの女性たちはだれですか。

　　＿＿＿＿＿＿　＿＿＿＿＿＿ those women?

(3) だれがこの机を使いますか。

　　＿＿＿＿＿＿＿＿＿ this desk?

❸ 次の文を下線部をたずねる疑問文に書きかえるとき，＿＿＿に適する語を書きなさい。

(1) These girls are my classmates.

　　＿＿＿＿＿＿　＿＿＿＿＿＿ these girls?

(2) He is Tom.

　　＿＿＿＿＿＿ he?

(3) Your mother made lunch for you.

　　＿＿＿＿＿＿　＿＿＿＿＿＿ lunch for you?

💡 ヒント
❶ (1)「だれ」を表す語を選ぶ。
(2)後ろに be 動詞がないことに注目する。
(3)主語になる who は3人称・単数として扱う。

❷ (1)(2)「～はだれですか」は〈Who + be 動詞 + 主語 ?〉で表す。
(3)「だれが～しますか」は〈Who + 一般動詞～?〉で表す。

❸ 下線部を「だれ？」とたずねる文にする。
(1)主語が these girls の be 動詞の疑問文。
(2)主語が he の be 動詞の疑問文。空所が1つだけなので，短縮形を使う。
(3)動詞は過去形を使う。

4 次の英文を日本文になおしなさい。

(1) Who is that teacher?

(　　　　　　　　　　　　　　　　　　　　　　　　　　　)

(2) Who is playing the piano?

(　　　　　　　　　　　　　　　　　　　　　　　　　　　)

(3) Who are the boys in this picture?

(　　　　　　　　　　　　　　　　　　　　　　　　　　　)

(4) Who's this?

(　　　　　　　　　　　　　　　　　　　　　　　　　　　)

5 次の日本文に合う英文になるように，（ 　 ）内の語句を並べかえなさい。
[文頭の文字も小文字になっていることがあります]

(1) あちらはだれですか。(is / that / who / ?)

_____

(2) だれが毎朝，窓を開けますか。(the windows / who / every morning / opens / ?)

_____

(3) だれがこれらの写真を撮りましたか。(these / took / who / pictures / ?)

_____

(4) 木のそばにいる男性はだれですか。(by / the man / the tree / who's / ?)

_____

6 次の日本文を英文になおしなさい。

(1) だれがこの本を書きましたか。

_____

(2) 彼らはだれですか。

_____

(3) あちらの女性はだれですか。

_____

(4) だれが皿を洗いますか。

_____

Whose ～？ の文

Bi-51

答えと解き方 ➡ 別冊 p.31

ヒント
❶ (1)「だれの」を表す語を選ぶ。
(2)主語が that。
(3)主語が they。

❶ 次の日本文に合うように（　）内から適するほうを選び，〇でかこみなさい。

(1) これはだれのカップですか。

（ Whose / Who ）cup is this?

(2) あれはだれの車ですか。

Whose car (is / are) that?

(3) それらはだれのかばんですか。

Whose (bag / bags) are they?

❷ 次の日本文に合う英文になるように，＿＿に適する語を書きなさい。

❷ (1)(2)「だれの」は whose で表す。be動詞は主語に合わせて使い分ける。
(3) whose には「だれのもの」という意味もある。

(1) これはだれの本ですか。

＿＿＿＿＿ book ＿＿＿＿＿ this?

(2) あれらはだれのボールですか。

＿＿＿＿＿ balls ＿＿＿＿＿ those?

(3) あの家はだれのものですか。

＿＿＿＿＿ that house?

❸ 次の文を下線部をたずねる疑問文に書きかえるとき，＿＿に適する語を書きなさい。

❸ 下線部を「だれの（もの）」とたずねる文にする。
(1)「だれの ～」は〈whose ＋名詞〉で表す。
(2)主語は these。
(3)「だれのもの」は whose で表す。主語は that doll。

(1) This is your pen.

＿＿＿＿＿ is this?

(2) These are Ken's notebooks.

＿＿＿＿＿ notebooks are ＿＿＿＿＿?

(3) That doll is hers.

＿＿＿＿＿ that doll?

4 次の英文を日本文になおしなさい。

(1) Whose computer is this?

(　　　　　　　　　　　　　　　　　　　　　　　　　　)

(2) Whose rackets are they?

(　　　　　　　　　　　　　　　　　　　　　　　　　　)

(3) Whose are those desks?

(　　　　　　　　　　　　　　　　　　　　　　　　　　)

(4) Whose is that bike?

(　　　　　　　　　　　　　　　　　　　　　　　　　　)

5 次の日本文に合う英文になるように，（　）内の語を並べかえなさい。
[文頭の文字も小文字になっていることがあります]

(1) このギターはだれのものですか。(this / is / guitar / whose / ?)

_____

(2) これらはだれの鉛筆ですか。(are / whose / these / pencils / ?)

_____

(3) あれはだれのイヌですか。(dog / is / whose / that / ?)

_____

(4) あのくつはだれのものですか。(shoes / are / those / whose / ?)

_____

6 次の日本文を英文になおしなさい。

(1) あれはだれのいすですか。

_____

(2) これらの箱はだれのものですか。

_____

(3) あれらはだれの教科書ですか。

_____

(4) この消しゴムはだれのものですか。

_____

らくらく
マルつけ

Ba-51

Which ～？ の文

OUTPUT! 52

BI-52

答えと解き方 ➡ 別冊 p.32

❶ 次の日本文に合うように（　）内から適するほうを選び，〇でかこみなさい。

(1) どちらがあなたのペンですか。

(What / Which) is your pen?

(2) あなたはどちらのかばんを使いますか。

Which bag (are / do) you use?

(3) あなたはピアノとギターのどちらを弾きますか。

Which do you play, the piano (and / or) the guitar?

❷ 次の日本文に合うよう，＿＿＿に適する英語を書きなさい。

(1) どちらがベンの自転車ですか。

＿＿＿＿＿＿ ＿＿＿＿＿＿ Ben's bike?

(2) あなたたちはどちらのボールがほしいですか。

＿＿＿＿＿＿ ＿＿＿＿＿＿ ＿＿＿＿＿＿ you want?

(3) どちらのカップがあなたのものですか，こちらのですか，それともあちらのですか。

＿＿＿＿＿＿ ＿＿＿＿＿＿ ＿＿＿＿＿＿ yours, this one ＿＿＿＿＿＿ that one?

❸ 次の文を〔　〕内の指示にしたがって書きかえるとき，＿＿＿に適する語を書きなさい。

(1) What do you play?

〔「サッカーと野球のどちらをしますか」という文に〕

＿＿＿＿＿＿ do you play, soccer ＿＿＿＿＿＿ baseball?

(2) Which is your book?〔ほぼ同じ意味を表す文に〕

＿＿＿＿＿＿ ＿＿＿＿＿＿ is ＿＿＿＿＿＿ ?

ヒント

❶ (1)「どちら？」を表す語を選ぶ。
(2)一般動詞を使った疑問文。
(3)「ピアノか，それともギターか」という選択肢を示す。

❷ (1)「どちらが[を]～」は Which で文を始める。be動詞を使った疑問文。
(2)「どちらの…が[を]～」は〈Which ＋ 名詞〉で文を始める。一般動詞を使った疑問文。
(3)「こちらのか，それともあちらのか」という選択肢を示す。

❸ (1)「どちら？」とたずねる文にする。「サッカーか，それとも野球か」という選択肢を示す。
(2)「どちらが～ですか」という文を「どちらの…が～ですか」という文にかえる。

4 次の英文を日本文になおしなさい。

(1) Which desk do you use?

(　　　　　　　　　　　　　　　　　　　　　　　　　　　)

(2) Which is your car, the white one or the black one?

(　　　　　　　　　　　　　　　　　　　　　　　　　　　)

(3) Which racket is hers?

(　　　　　　　　　　　　　　　　　　　　　　　　　　　)

(4) Which does he want, a dog or a cat?

(　　　　　　　　　　　　　　　　　　　　　　　　　　　)

5 次の日本文に合う英文になるように，（ ）内の語句を並べかえなさい。
[文頭の文字も小文字になっていることがあります]

(1) どちらのぼうしがあなたのものですか。(is / cap / yours / which / ？)

_____

(2) どちらが彼のイヌですか，小さいのですか，それとも大きいのですか。

(small / his dog / is / or / which / one / the / ,) the big one?

_____ the big one?

(3) あなたのお母さんはどちらのかばんを使いましたか。

(mother / which / use / did / your / bag / ？)

_____

(4) 彼らは日本語と中国語のどちらを話しますか。

(speak / or / they / which / do / Japanese / ,) Chinese?

_____ Chinese?

6 次の日本文を英文になおしなさい。

(1) どちらがあなたのコンピューターですか，こちらのですか，それともあちらのですか。

_____

(2) 彼女はどちらのペンをほしがっていますか。

_____

(3) あなたはテニスとバドミントンのどちらをしましたか。

_____

らくらく
マルつけ

Ba-52

107

Where 〜? の文

ちょこっと
インプット
Bi-53

答えと解き方➡別冊 p.32

❶ 次の日本文に合うように（　）内から適するほうを選び，〇でかこみなさい。

(1) あなたはどこで勉強しますか。

（ When / Where) do you study?

(2) あなたの本はどこにありますか。

Where (are / is) your books?

(3) トムはどこにいますか。

(Where / Where's) Tom?

❷ 次の日本文に合う英文になるように，＿＿＿に適する語を書きなさい。

(1) 私のぼうしはどこにありますか。

＿＿＿＿＿＿＿ ＿＿＿＿＿＿＿ my cap?

(2) 彼女はどこで走りますか。

＿＿＿＿＿＿＿ ＿＿＿＿＿＿＿ she run?

(3) 彼らはどこにいますか。

＿＿＿＿＿＿＿ ＿＿＿＿＿＿＿ they?

❸ 次の文を下線部をたずねる疑問文に書きかえるとき，＿＿＿に適する語を書きなさい。

(1) You practice soccer in the park.

＿＿＿＿＿＿＿ ＿＿＿＿＿＿＿ you practice soccer?

(2) My dog is under the bed.

＿＿＿＿＿＿＿ my dog?

(3) The boxes were on the desk then.

＿＿＿＿＿＿＿ ＿＿＿＿＿＿＿ the boxes then?

ヒント

❶ (1)「どこ」を表す語を選ぶ。
(2)主語は your books。
(3)後ろに be 動詞がないことに注目する。

❷ (1)(3)「〜はどこにありますか[いますか]」は〈Where + be 動詞＋主語 ?〉で表す。
(2)「どこで〜しますか」は〈Where do [does] ＋主語＋動詞の原形〜?〉で表す。

❸ 下線部を「どこ?」とたずねる文にする。
(1)主語が you の一般動詞の疑問文。
(2)主語が my dog の be 動詞の疑問文。空所が 1 つだけなので，短縮形を使う。
(3)主語が the boxes の be 動詞の過去の疑問文。

4 次の英文を日本文になおしなさい。

(1) Where is the hospital?

(   )

(2) Where does Mr. Green work?

(   )

(3) Where were your parents last night?

(   )

(4) Where did you have lunch yesterday?

(   )

5 次の日本文に合う英文になるように，（ ）内の語句を並べかえなさい。
[文頭の文字も小文字になっていることがあります]

(1) 香織は今，どこにいますか。(Kaori / is / now / where / ?)

_____

(2) 彼はどこで泳ぎますか。(does / he / where / swim / ?)

_____

(3) あなたはどこでその本を買いましたか。(where / the book / buy / did / you / ?)

_____

(4) 彼らの自転車はどこにありますか。(their / where / are / bikes / ?)

_____

6 次の日本文を英文になおしなさい。

(1) あなたの学校はどこにありますか。

_____

(2) あなたのおばさんはどこに住んでいますか。

_____

(3) 彼らは今，どこで野球をしているのですか。

_____

(4) あなたは昨日の午後，どこにいましたか。

_____

らくらく
マルつけ

Ba-53

54 When 〜? の文

Bi-54

答えと解き方 ➡ 別冊 p.33

① 次の日本文に合うように（　）内から適するほうを選び，〇でかこみなさい。

(1) あなたはいつテニスを練習しますか。

(When / What) do you practice tennis?

(2) 彼女の誕生日はいつですか。

When (are / is) her birthday?

(3) 彼はいつ英語を勉強しますか。

When (do /does) he study English?

> 💡 **ヒント**
> **①** (1)「いつ」を表す語を選ぶ。
> (2)主語は her birthday。
> (3)主語は he。

② 次の日本文に合う英文になるように，＿＿に適する語を書きなさい。

(1) あなたの誕生日はいつですか。

＿＿＿＿＿ ＿＿＿＿＿ your birthday?

(2) 生徒たちはいつ教室を掃除しますか。

＿＿＿＿＿ ＿＿＿＿＿ the students clean the classrooms?

(3) あなたのお姉さんはいつテレビを見ますか。

＿＿＿＿＿ ＿＿＿＿＿ your sister watch TV?

> **②** (1)「〜はいつですか」は〈When + be動詞＋主語 ?〉で表す。
> (2)(3)「いつ〜しますか」は〈When do[does] + 主語 + 動詞の原形〜?〉で表す。

③ 次の文を下線部をたずねる疑問文に書きかえるとき，＿＿に適する語を書きなさい。

(1) Children's Day is <u>May fifth</u>.

＿＿＿＿＿ Children's Day?

(2) You do your homework <u>after dinner</u>.

＿＿＿＿＿ you do your homework?

(3) She visited Kobe <u>last weekend</u>.

＿＿＿＿＿ she ＿＿＿＿＿ Kobe?

> **③** 下線部を「いつ?」とたずねる文にする。
> (1)主語が Children's Day の be動詞の文。Children's Day は「こどもの日」という意味。
> (2)主語が you の一般動詞・現在の疑問文。
> (3)一般動詞・過去の疑問文。

4 次の英文を日本文になおしなさい。

(1) When do you help your mother?

( )

(2) When is he free?

( )

(3) When is our teacher's birthday?

( )

(4) When did she call you?

( )

5 次の日本文に合う英文になるように，（　）内の語句を並べかえなさい。
[文頭の文字も小文字になっていることがあります]

(1) 彼らはいつサッカーを練習しますか。(practice / they / when / soccer / do / ?)

_____

(2) あなたはいつ私の家に来ることができますか。

(come / can / you / my house / when / to / ?)

_____

(3) あなたの夏休みはいつですか。(your / is / vacation / when / summer / ?)

_____

(4) 佐々木さんはいつこのコンピューターを使いますか。

(this / use / Mr. Sasaki / computer / does / when / ?)

_____

6 次の日本文を英文になおしなさい。

(1) あなたのお兄さんの誕生日はいつですか。

_____

(2) 彼のお父さんはいついそがしいですか。

_____

(3) あなたはいつこの本を読みましたか。

_____

らくらく
マルつけ

Ba-54

111

Why ～? の文

Bi-55

答えと解き方 ➡ 別冊 p.34

1 次の日本文に合うように（　）内から適するほうを選び，〇でかこみなさい。

(1) あなたはなぜこの映画が好きなのですか。

（ How / Why ）do you like this movie?

(2) 彼はなぜ疲れているのですか。

Why (is / does) he tired?

(3) 彼らはなぜ早く学校に来たのですか。

Why (do / did) they come to school early?

> 💡 **ヒント**
> **❶** (1)「なぜ」を表す語を選ぶ。
> (2)あとに形容詞があることに注目する。
> (3)「学校に来た」という日本文に注目する。

2 次の日本文に合う英文になるように，＿＿に適する語を書きなさい。

(1) 美香_{みか}はなぜ一生懸命に数学を勉強するのですか。

＿＿＿＿＿＿＿＿ Mika study math hard?

(2) あなたはなぜお金が必要なのですか。

＿＿＿＿＿＿＿＿ you need money?

(3) 彼らはなぜわくわくしていたのですか。

＿＿＿＿＿＿＿＿ they excited?

> **❷** (1)「なぜ～するのですか」は〈Why do[does] + 主語 + 動詞の原形～?〉で表す。
> (2) need は「～を必要とする」，money は「お金」という意味。
> (3)「わくわくしていた」という日本文に注目する。

3 次の文を，理由をたずねる疑問文に書きかえるとき，＿＿に適する語を書きなさい。

(1) You go to the park.

＿＿＿＿＿ ＿＿＿＿＿ you go to the park?

(2) His mother called him yesterday.

＿＿＿＿＿ ＿＿＿＿＿ his mother

＿＿＿＿＿ him yesterday?

(3) Julia was late for school.

＿＿＿＿＿ ＿＿＿＿＿ Julia late for school?

> **❸**「なぜ?」とたずねる文にする。
> (1)主語が you の一般動詞・現在の疑問文。
> (2)一般動詞・過去の疑問文。
> (3)主語が Julia の be動詞の過去の疑問文。
> late for ～は「～に遅れる」という意味。

4 次の英文を日本文になおしなさい。

(1) Why do you go to the library every day?

(）

(2) Why is the boy angry?

(）

(3) Why are they running in the schoolyard?

(）

(4) Why were you at the station then?

(）

5 次の日本文に合う英文になるように，（ ）内の語句を並べかえなさい。
[文頭の文字も小文字になっていることがあります]

(1) 彼はなぜ中国語を話すことができるのですか。(speak / he / can / why / Chinese / ?)

(2) あなたたちはなぜ今日いそがしいのですか。(busy / you / why / today / are / ?)

(3) その子どもはなぜ森に行ったのですか。
(the child / to / did / the forest / why / go / ?)

(4) なぜ彼女は早く起きるのですか。(up / does / why / she / early / get / ?)

6 次の日本文を英文になおしなさい。

(1) 彼らはなぜ毎日泳ぐのですか。

(2) 彼女のお母さんはなぜ悲しんでいたのですか。

(3) あなたはなぜ昨日，遅く帰宅したのですか。

(4) サム (Sam)はなぜこの机を使うのですか。

らくらく
マルつけ

Ba-55

113

OUTPUT! 56

How ～? の文

ちょこっとインプット Bi-56

答えと解き方➡別冊 p.34

❶ 次の日本文に合うように(　)内から適するほうを選び，○でかこみなさい。

(1) 東京の天気はどうですか。
(How / Why) is the weather in Tokyo?

(2) あなたはどうやって卵を料理しますか。
How (are / do) you cook eggs?

(3) お母さんの調子はどうですか。
(How / How's) your mother?

❷ 次の日本文に合う英文になるように，＿＿に適する語を書きなさい。

(1) あなたはどうやって学校に行きますか。
＿＿＿＿ ＿＿＿＿ you go to school?

(2) エマはどうやって日本語を勉強しますか。
＿＿＿＿ ＿＿＿＿ Emma study Japanese?

(3) 昨日の天気はどうでしたか。
＿＿＿＿ ＿＿＿＿ the weather yesterday?

❸ 次の文を下線部をたずねる疑問文に書きかえるとき，＿＿に適する語を書きなさい。

(1) The weather in Kyoto is rainy.
＿＿＿＿ ＿＿＿＿ the weather in Kyoto?

(2) Makoto goes to the library by bus.
＿＿＿＿ ＿＿＿＿ Makoto
＿＿＿＿ to the library?

(3) Your weekend was great.
＿＿＿＿ ＿＿＿＿ your weekend?

ヒント

❶ (1)「どう，どんな状態で」を表す語を選ぶ。
(2)一般動詞を使った疑問文。
(3)後ろに be 動詞がないことに注目する。

❷ (1)(2)「どうやって～しますか」は〈How do[does]＋主語＋動詞の原形～?〉で表す。
(3) yesterday「昨日」に注目する。

❸ 下線部を「どう」「どうやって」とたずねる文にする。
(1)「状態」をたずねる。be 動詞の現在の疑問文。
(2)「手段」をたずねる。主語が Makoto の一般動詞・現在の疑問文。
(3)「状態」をたずねる。be 動詞の過去の疑問文。

4 次の英文を日本文になおしなさい。

(1) How is the weather in your city?

(　　　　　　　　　　　　　　　　　　　　　　　　)

(2) How do you make dolls?

(　　　　　　　　　　　　　　　　　　　　　　　　)

(3) How did they go to the stadium?

(　　　　　　　　　　　　　　　　　　　　　　　　)

(4) How's your grandfather?

(　　　　　　　　　　　　　　　　　　　　　　　　)

5 次の日本文に合う英文になるように，（　）内の語を並べかえなさい。
[文頭の文字も小文字になっていることがあります]

(1) あなたはどうやってこのケーキを作りましたか。

(make / you / did / cake / how / this / ?)

(2) あなたの冬休みはどうでしたか。(your / was / winter / how / vacation / ?)

(3) あなたの両親の調子はどうですか。(are / parents / your / how / ?)

(4) 私はどうやってあの機械を使うことができますか。

(I / machine / can / how / that / use / ?)

6 次の日本文を英文になおしなさい。

(1) 今日のパリ（Paris）の天気はどうですか。

(2) あなたはふつうどうやって駅に行きますか。

(3) 彼らはどうやってここに来ましたか。

Ba-56

115

How many ～? の文

Bi-57

答えと解き方 ➡ 別冊 p.35

❶ 次の日本文に合うように（ ）内から適するほうを選び，〇でかこみなさい。

(1) あなたはペンを何本持っていますか。

(How / What) many pens do you have?

(2) あなたはネコを何びき飼っていますか。

How many (cat / cats) do you have?

(3) 彼女はオレンジを何個買いましたか。

How many oranges (does / did) she buy?

❷ 次の日本文に合う英文になるように，＿＿＿に適する語を書きなさい。

(1) あなたはぼうしをいくつ持っていますか。

＿＿＿＿＿＿ ＿＿＿＿＿＿ hats do you have?

(2) 私たちは卵がいくつ必要ですか。

How ＿＿＿＿＿＿ ＿＿＿＿＿＿ do we need?

(3) 彼はリンゴをいくつほしがっていますか。

＿＿＿＿＿＿ many apples ＿＿＿＿＿＿ he want?

❸ 次の文を下線部をたずねる疑問文に書きかえるとき，＿＿＿に適する語を書きなさい。

(1) You want <u>five</u> pencils.

＿＿＿＿＿＿ ＿＿＿＿＿＿ pencils do you want?

(2) You have <u>a</u> brother.

＿＿＿＿＿＿ many ＿＿＿＿＿＿ do you have?

(3) Nick made <u>three</u> dolls.

＿＿＿＿＿＿ many dolls ＿＿＿＿＿＿ Nick make?

ヒント

❶ (1)「いくつ」は how many。
(2) many のあとの名詞の形は？
(3)「買いましたか」という日本文に注目する。

❷「…をいくつ～しますか」は〈How many ＋名詞の複数形＋ do[does] ＋主語＋動詞の原形～?〉で表す。

❸ 下線部を「いくつ」とたずねる文にする。
(2)名詞の形に注意する。
(3)一般動詞・過去の疑問文。

4 次の英文を日本文になおしなさい。

(1) How many friends do you have in Canada?

(　　　　　　　　　　　　　　　　　　　　　　　　　　　)

(2) How many libraries does this city have?

(　　　　　　　　　　　　　　　　　　　　　　　　　　　)

(3) How many birds can you see from here?

(　　　　　　　　　　　　　　　　　　　　　　　　　　　)

(4) How many Japanese songs does he know?

(　　　　　　　　　　　　　　　　　　　　　　　　　　　)

5 次の日本文に合う英文になるように，(　)内の語句を並べかえなさい。
[文頭の文字も小文字になっていることがあります]

(1) あなたは車を何台持っていますか。(many / how / you / have / cars / do / ?)

_____

(2) 彼女はあなたにクッキーを何枚くれましたか。

(cookies / did / many / give / she / how) to you?

_____ to you?

(3) 私たちの学校には先生が何人いますか。

(our school / does / how / teachers / have / many / ?)

_____

6 次の日本文を英文になおしなさい。

(1) 彼には姉妹が何人いますか。

_____

(2) あなたはかばんの中にボールをいくつ持っていますか。

_____

(3) 私たちはカップがいくつ必要ですか。

_____

(4) あなたはノートを何冊買いましたか。

_____

OUTPUT! 58

会話表現❶

ちょこっとインプット

Bi-58

答えと解き方 ➡ 別冊 p.35

❶ **次の日本文に合うものを（　）内から選び，記号で答えなさい。**

(1) おはようございます。

Good（ ア evening　　イ morning　　ウ afternoon ）.

（　　　　　）

(2) お元気ですか。

（ ア How　　イ What　　ウ Why ）are you?

（　　　　　）

(3) はじめまして。

Nice to（ ア get　　イ look　　ウ meet ）you.

（　　　　　）

❷ **次の場面で言う英語として適するものを下から選び，記号で答えなさい。**

(1) 午後に会った知り合いにあいさつをするとき。　（　　　　　）

(2) 友だちに「元気？」と聞かれて答えるとき。　（　　　　　）

(3) 街中で道をたずねるために，通行人に話しかけるとき。

（　　　　　）

(4) 友だちにお礼を言うとき。　（　　　　　）

(5) 友だちに謝るとき。　（　　　　　）

(6) 放課後，クラスメートと別れるとき。　（　　　　　）

(7) 友だちの話にあいづちをうつとき。　（　　　　　）

ア Thank you.　　イ Good afternoon.

ウ See you.　　エ I'm good.

オ Excuse me.　　カ I see.

キ I'm sorry.

ヒント

❶ (1)朝のあいさつ。

(2)相手の状態をたずねるあいさつ。

(3)相手に初めて会ったときのあいさつ。

❷ (1)「こんにちは」

(2)「（私は）元気です」

(3)「すみません」

(4)「ありがとう」

(5)「ごめんなさい」

(6)「またね」

(7)「なるほど」

❸ 次の日本文に合う英文になるように，＿＿に適する語を書きなさい。

(1) おやすみなさい。

Good ＿＿＿＿＿＿＿＿＿＿.

(2) はじめまして。— こちらこそはじめまして。

Nice to meet you. — Nice to meet you, ＿＿＿＿＿＿＿＿＿＿.

(3) お元気ですか。— 元気です。

＿＿＿＿＿＿＿＿ ＿＿＿＿＿＿＿＿ you? — I'm fine.

(4) すみませんが，あなたは田中先生ですか。

＿＿＿＿＿＿＿＿ me, but are you Ms. Tanaka?

(5) ごめんなさい。— 大丈夫ですよ。

I'm ＿＿＿＿＿＿＿＿. — ＿＿＿＿＿＿＿＿ problem.

❹ 次の英文を日本文になおしなさい。

(1) Thank you very much.

(　　　　　　　　　　　　　　　　　　　　　　　　　　　　　)

(2) ((1)に対して) You're welcome.

(　　　　　　　　　　　　　　　　　　　　　　　　　　　　　)

(3) Good evening.

(　　　　　　　　　　　　　　　　　　　　　　　　　　　　　)

(4) She is very kind. — That's right.

彼女はとても親切です。—(　　　　　　　　　　　　　　　　　)

❺ 次の下線部の日本文を英文になおしなさい。

(1) テニスをしましょう。— ごめんなさい。今，いそがしいです。

Let's play tennis. — ＿＿＿＿＿＿＿＿＿＿＿＿＿＿ I'm busy now.

(2) はじめまして。私の名前は咲です。

＿＿＿＿＿＿＿＿＿＿＿＿＿＿＿＿＿＿＿ My name is Saki.

(3) すみません。東駅はどこにありますか。

＿＿＿＿＿＿＿＿＿＿＿＿＿＿＿＿ Where is Higashi Station?

らくらく
＼マルつけ／

Ba-58

会話表現❷

Bi-59

答えと解き方 ➡ 別冊 p.36

❶ 次の日本文に合うように（　）内から適するほうを選び，〇でか
こみなさい。

(1) 私たちを手伝ってくれますか。

（ Do/ Can) you help us?

(2) この消しゴムを使ってもいいですか。

Can (you / I) use this eraser?

(3) なんて美しいのでしょう。

(How / What) beautiful!

(4) なんて大きなイヌなのでしょう。

(How / What) a big dog!

❷ 次の日本文に合う英文になるように，＿＿＿に適する語を書きな
さい。

(1) 窓を閉めてもいいですか。

_____ close the window?

(2) 私に昼食を作ってくれますか。

_____ make lunch for me?

(3) なんて高い建物なのでしょう。

_____ high building!

❸ 次の文を〔　〕内の指示にしたがって書きかえるとき，＿＿＿に適
する語を書きなさい。

(1) These are nice pictures. 〔感嘆文に〕

_____ pictures!

(2) Please clean the room. 〔「～してくれますか」という文に〕

_____ the room?

④ 次の英文を日本文になおしなさい。

(1) Can you open the door?

( )

(2) How interesting!

( )

(3) What kind boys!

( )

(4) Can I eat this cake?

( )

(5) ((4)に対して) All right.

( )

⑤ 次の日本文に合う英文になるように、（　）内の語を並べかえなさい。
[文頭の文字も小文字になっていることがあります]

(1) 皿を洗ってくれますか。(the / wash / you / dishes / can / ?)

_____

(2) ここでギターを弾いてもいいですか。(guitar / I / here / play / can / the / ?)

_____

(3) なんておいしいオレンジなのでしょう。(orange / a / what / delicious / !)

_____

⑥ 次の日本文を英文になおしなさい。

(1) なんてかわいいのでしょう。

_____

(2) なんて簡単な問題なのでしょう。

_____

(3) あなたの自転車を使ってもいいですか。

_____

(4) 私と買い物に行ってくれますか。

_____

らくらく
マルつけ

Ba-59

121

まとめのテスト❸

答えと解き方 ➡ 別冊 p.36

❶ 次の日本文に合うものを（　）内から選び，記号で答えなさい。［2点×4＝8点］

(1) あなたはいつテレビを見ますか。　　　　　　　　　　　　　（　　　）

（ ア Where　　イ When　　ウ Why ）do you watch TV?

(2) 彼女は今日，学校に来ませんでした。　　　　　　　　　　　（　　　）

She（ ア don't　　イ doesn't　　ウ didn't ）come to school today.

(3) どうもありがとう。— どういたしまして。　　　　　　　　（　　　）

Thank you very much. — You're（ ア kind　　イ fine　　ウ welcome ）.

(4) 私たちはそのとき，テニスをしていました。　　　　　　　　（　　　）

We（ ア were playing　　イ are playing　　ウ was playing ）tennis then.

❷ 次の日本文に合う英文になるように，＿＿＿に適する語を書きなさい。［4点×3＝12点］

(1) これらはだれのくつですか。

＿＿＿＿＿＿＿ shoes ＿＿＿＿＿＿＿ these?

(2) 彼女は３年前にこの本を書きました。

She ＿＿＿＿＿＿＿ this book three years ＿＿＿＿＿＿＿.

(3) こんばんは，ブラウンさん。

＿＿＿＿＿＿＿ ＿＿＿＿＿＿＿, Mr. Brown.

❸ 次の文を〔　〕内の指示にしたがって書きかえるとき，＿＿＿に適する語を書きなさい。

［4点×3＝12点］

(1) I'm free now.〔下線部を last week にかえて〕

＿＿＿＿＿＿＿ ＿＿＿＿＿＿＿ free last week.

(2) That man is Mayu's uncle.〔下線部をたずねる疑問文に〕

＿＿＿＿＿＿＿ ＿＿＿＿＿＿＿ that man?

(3) You have a pen in your hand.〔下線部をたずねる疑問文に〕

＿＿＿＿＿＿＿ ＿＿＿＿＿＿＿ you ＿＿＿＿＿＿＿ in your hand?

❹ 次の英文を日本文になおしなさい。[5点×4＝20点]

(1) How many T-shirts does he have?

(　　　　　　　　　　　　　　　　　　　　　　　　　　　　)

(2) Were you swimming in the pool at ten yesterday morning?

(　　　　　　　　　　　　　　　　　　　　　　　　　　　　)

(3) She wasn't at home last night.

(　　　　　　　　　　　　　　　　　　　　　　　　　　　　)

(4) Can I take a picture of you?

(　　　　　　　　　　　　　　　　　　　　　　　　　　　　)

❺ 次の日本文に合う英文になるように，（　）内の語句を並べかえなさい。[5点×4＝20点]
[文頭の文字も小文字になっていることがあります]

(1) 彼らはこの前の木曜日に映画を見ましたか。

(Thursday / see / did / a movie / last / they / ?)

_____

(2) なんて美しい山なのでしょう。(mountain / what / beautiful / a / !)

_____

(3) あなたは何時に帰宅しますか。(home / you / time / do / come / what / ?)

_____

(4) この本は机の上にありましたか。(the desk / this book / on / was / ?)

_____

❻ 次の日本文を英文になおしなさい。[7点×4＝28点]

(1) 彼は数学と英語のどちらを勉強しましたか。

_____

(2) 私のかばんを運んでくれますか。

_____

(3) あなたはなぜ毎日リンゴを１つ食べるのですか。

_____

(4) 彼女はそのとき，昼食を作っていました。

_____

らくらく
マルつけ

Ba-60

チャレンジテスト❶

答えと解き方 ➡ 別冊 p.37

1 次の日本文に合うものを（ ）内から選び，記号で答えなさい。【大阪府】［2点×5 = 10点］

(1) あれらの教科書はあなたのものですか。 （　　　）

（ ア Am　　 イ Is　　 ウ Are ）those textbooks yours?

(2) 私は昨日，私の祖母から手紙を受け取りました。 （　　　）

I （ ア receive　　 イ received　　 ウ receiving ） a letter from my grandmother yesterday.

(3) 私たちの英語の先生は 2 年前に日本に来ました。 （　　　）

Our English teacher （ ア began　　 イ came　　 ウ wrote ）to Japan two years ago.

(4) 彼女はとても速く泳ぐことができます。 （　　　）

She can swim very （ ア fast　　 イ late　　 ウ well ）.

(5) 私はそのとき，ダンスを練習していました。 （　　　）

I was （ ア practice　　 イ practiced　　 ウ practicing ）dance then.

2 次の日本文に合う英文になるように， ＿＿＿ に適する語を書きなさい。［5点×6 = 30点］

(1) 私の兄は東京に住んでいません。

My brother ＿＿＿＿＿＿＿＿ ＿＿＿＿＿＿＿＿ in Tokyo.

(2) 私は彼らのお母さんを知っています。

I ＿＿＿＿＿＿＿＿ ＿＿＿＿＿＿＿＿ mother.

(3) あなたは何の教科が好きですか。

＿＿＿＿＿＿＿＿ ＿＿＿＿＿＿＿＿ you like?

(4) 彼女はあの鳥を見ているのですか。

＿＿＿＿＿＿＿＿ she ＿＿＿＿＿＿＿＿ at that bird?

(5) 私たちは日本語の歌をいくつか歌うことができます。

We ＿＿＿＿＿＿＿＿ ＿＿＿＿＿＿＿＿ some Japanese songs.

(6) ベンはどこでそのネコを見つけましたか。

＿＿＿＿＿＿＿＿ ＿＿＿＿＿＿＿＿ Ben find the cat?

3 次の文を〔 〕内の指示にしたがって書きかえるとき，＿＿ に適する語を書きなさい。

[6点×4＝24点]

(1) I use this bike. 〔否定文に〕

I ＿＿＿＿＿＿＿ ＿＿＿＿＿＿＿ ＿＿＿＿＿＿＿ this bike.

(2) This is her bag. 〔ほぼ同じ意味を表す文に〕

This ＿＿＿＿＿＿＿ is ＿＿＿＿＿＿＿ .

(3) He can make pancakes well. 〔①疑問文にして，② No で答える〕

① ＿＿＿＿＿＿＿ ＿＿＿＿＿＿＿ ＿＿＿＿＿＿＿ pancakes well?

— ② No, ＿＿＿＿＿＿＿ ＿＿＿＿＿＿＿ .

4 次の対話が成り立つように，（ ）内の語句を並べかえなさい。[6点×2＝12点]
[文頭の文字も小文字になっていることがあります]

(1) A: It's cold in Iwate today.　　　　　　　　　　　　　　【岩手県】

B: Is it snowy there?

A: Yes, a little. (the weather / is / how) in Tokyo today?

B: It's cloudy but warm.

＿＿＿＿＿＿＿＿＿＿＿＿＿＿＿＿＿＿＿＿＿＿ in Tokyo today?

(2) A: How many classes does your school have in a day?　　【富山県】

B: We usually have six classes.

A: (begin / does / time / what / your school)?

B: At 8:15.

＿＿＿＿＿＿＿＿＿＿＿＿＿＿＿＿＿＿＿＿＿＿ ?

5 次の日本文を英文になおしなさい。[8点×3＝24点]

(1) 私のおばは英語を教えます。

＿＿＿＿＿＿＿＿＿＿＿＿＿＿＿＿＿＿＿＿＿＿＿＿＿

(2) 窓を開けてはいけません。

＿＿＿＿＿＿＿＿＿＿＿＿＿＿＿＿＿＿＿＿＿＿＿＿＿

(3) ここで昼食を食べてもいいですか。

＿＿＿＿＿＿＿＿＿＿＿＿＿＿＿＿＿＿＿＿＿

らくらく
マルつけ

Ba-61

答えと解き方 ➡ 別冊 p.38

1 次の文の____に，（　）内の語を適する形になおして書きなさい。なおす必要がない場合はそのまま書きなさい。[4点×6＝24点]

(1)　I have a dog and he ＿＿＿＿＿＿＿ two cats. (have)

(2)　They were ＿＿＿＿＿＿＿ around the park. (run)

(3)　Can you go to the zoo with ＿＿＿＿＿＿＿ ? (we)

(4)　Those ＿＿＿＿＿＿＿ are teachers at my school. (man)

(5)　Nanami, ＿＿＿＿＿＿＿ to bed now. (go)

(6)　She ＿＿＿＿＿＿＿ a doctor ten years ago. (be)

2 次の英文の（　）に適するものを下から選び，記号で答えなさい。[5点×5＝25点]

(1)　A: Are you using your dictionary now?　【徳島県】

　　　B: (　　　) You can use it.

　　　A: Oh, thank you. I forgot mine at home.

　　　　ア Yes, I am.　　イ Yes, I can.　　ウ No, I'm not.　　エ No, I can't.

　　　　　　　　　　　　　　　　　　　　　　　　　　　　（　　　　　）

(2)　*Mother*: Did you find your gloves?　【長野県】

　　　　　　　You were looking for them this morning.

　　　Son:　　Yes. They were (　　　) my bag. Thank you, Mom.

　　　　ア under　　　イ to　　　　ウ for　　　　エ into（　　　　　）

(3)　(　　　) do you have for breakfast, rice or bread?　【神奈川県】

　　　　ア When　　　イ Which　　ウ Why　　　　エ How（　　　　　）

(4)　A: I'm hungry. Can I eat this orange?

　　　B: (　　　) right.

　　　　ア That's　　　イ You're　　ウ All　　　　エ No （　　　　　）

(5)　A: Let's go shopping together next Sunday.

　　　B: I'm sorry, but I can't. I have soccer practice (　　　) weekends.

　　　　ア by　　　　イ in　　　　ウ with　　　エ on （　　　　　）

3 次の英文を日本文になおしなさい。[6点×3＝18点]

(1) Why were they in the park then?

(　　　　　　　　　　　　　　　　　　　　　　　　　　　　　　)

(2) My father bought this book last Friday.

(　　　　　　　　　　　　　　　　　　　　　　　　　　　　　　)

(3) Who visited you last night?

(　　　　　　　　　　　　　　　　　　　　　　　　　　　　　　)

4 次の日本文に合う英文になるように，（ ）内の語を並べかえなさい。[6点×2＝12点]
[文頭の文字も小文字になっていることがあります]

(1) 私はときどきテレビでサッカーの試合を見ます。

(watch / games / sometimes / I / TV / soccer / on / .)

_____

(2) これらの建物は何ですか。(these / are / what / buildings / ?)

_____

5 次の対話が成り立つように，（ ）内の語に必要な2語を加えて＿＿に入れ，英文を完

成させなさい。【秋田県】[7点×3＝21点]

(1) 〈休み時間に ALT の先生と教室で〉

Kanako:　 I *know you speak Japanese well. _____

can you speak?（languages）

Ms. Davis: Three languages.　I can speak English, Japanese, and

French.　　　　　　　　*know ＋文　〜ということを知っている

(2) 〈ALT の先生がクラスに問いかけて〉

Mr. Brown: _____ this?（pen）

I found it under the desk.

Satoru:　　 Oh, it's mine.　Thank you, Mr. Brown.

(3) 〈ALT の先生との授業中のやり取りで〉

Kana:　　　 I visited Kyoto last week.

Ms. Smith: Good. _____ go there?（you）

Kana:　　　 I went there by train.　I had a lot of fun there.

らくらく
マルつけ

Ba-62

□ 編集協力　㈱オルタナプロ　鹿島由紀子　白石あゆみ

□ 本文デザイン　土屋裕子㈲ウエイド）

□ 本文イラスト　小林孝文（AZZURRO）

□ コンテンツデザイン　㈲Y-Yard

シグマベスト

アウトプット専用問題集
中1英語[文法]

本書の内容を無断で複写（コピー）・複製・転載することを禁じます。また，私的使用であっても，第三者に依頼して電子的に複製すること（スキャンやデジタル化等）は，著作権法上，認められていません。

編　者　文英堂編集部

発行者　益井英郎

印刷所　岩岡印刷株式会社

発行所　株式会社文英堂

〒601-8121　京都市南区上鳥羽大物町28
〒162-0832　東京都新宿区岩戸町17
（代表）03-3269-4231

●落丁・乱丁はおとりかえします。

書いて定着

中1英語

文法

専用問題集

アウトプット

答えと解き方

文英堂

1 「私は〜です」「あなたは〜です」 本冊 p.4

❶ (1) イ (2) ア (3) ア (4) ウ
❷ (1) am (2) You are
(3) I'm (4) You're
❸ (1) I am (2) You're
❹ (1) あなた (たち) は北海道出身です。
(2) 私は数学教師です。
(3) 私は眠いです。
(4) あなたは私のクラスメートです。
❺ (1) I am Tom.
(2) You are a pianist.
(3) I'm a tennis fan.
❻ (1) I am Emily.
(2) You're a doctor.
(3) You are a good soccer player.
(4) I'm fifteen years old.

2 「彼は〜です」「彼女は〜です」 本冊 p.6

❶ (1) ア (2) イ (3) ウ (4) ア
❷ (1) is (2) She is
(3) She's (4) He's
❸ (1) He is (2) She's
❹ (1) 彼は看護師です。
(2) 彼女は私のおばです。
(3) 彼は8歳です。
(4) 彼女は中学生です。
❺ (1) She is an actor.
(2) He is a good father.
(3) He's my cousin.
❻ (1) He is Mr. Nakajima.
(2) She is a singer.
(3) She's my grandmother.
(4) He's from Okinawa.

解き方

❶ (1) 「私は」は I を使います。
(2) 「あなたは」は you を使います。
(3) 「私は〜です」は I am 〜. で表します。
(4) 「あなたは〜です」は You are 〜. で表します。you are の短縮形は you're です。
❷ (3) I am の短縮形は I'm です。
❸ (1) 主語の You を I にかえるので, be 動詞の are を am にかえます。
日本語訳 「あなたは幸せです」→「私は幸せです」
(2) 日本語訳 「あなたは私の友だちです」
❹ (1) from 〜 は「〜出身の」という意味です。
(2) math teacher は「数学教師」という意味です。a は「1人の」という意味ですが, ここでは不自然になるので日本語には訳しません。
(3) sleepy は「眠い」という意味です。
(4) classmate は「クラスメート」, my は「私の」という意味で, 所有を表します。
❺ (2) 「1人の」を表す a は pianist「ピアニスト」の前に置きます。
(3) a は tennis fan「テニスファン」の前に置きます。
❻ (4) 〜 years old は「〜歳」という意味です。

解き方

❶ (1) 「彼は」は he を使います。
(2) 「彼女は」は she を使います。
(3) 「彼女は〜です」は She is 〜. で表します。
(4) 「彼は〜です」は He is 〜. で表します。he is の短縮形は he's です。
❷ (3) she is の短縮形は she's です。
❸ (1) 主語の I を He にかえるので, be 動詞の am を is にかえます。
日本語訳 「私は英語教師です」→「彼は英語教師です」
(2) Ms. は女性につける敬称なので, 主語の he も she にかえます。
日本語訳 「彼は田中さんです」→「彼女は田中さんです」
❹ (1) nurse は「看護師」という意味です。a はここでは日本語に訳しません。
(2) aunt は「おば」という意味です。my は「私の」という意味で, 所有を表します。
(3) 〜 years old は「〜歳」という意味です。
(4) junior high school student は「中学生」という意味です。
❺ (1) an は a と同様「1人の」という意味を表し, actor の前に置きます。
(3) my は cousin「いとこ」の前に置きます。

3 「これは〜です」「あれは〜です」 本冊 p.8

❶ (1) ア　(2) ウ　(3) ウ
❷ (1) This is　(2) That is
　 (3) That's
❸ (1) This is　(2) That is
　 (3) That is　(4) That's
❹ (1) これはラケットです。
　 (2) あれ[あちら]は私のおじです。
　 (3) あれはあなたのいすです。
　 (4) これはタマネギです。
❺ (1) This is a carrot.
　 (2) That is my bike.
　 (3) This is your eraser.
　 (4) That's my teacher.
❻ (1) This is your notebook.
　 (2) That is[That's] a guitar.
　 (3) This is my grandfather.
　 (4) That is[That's] my friend.

解き方

❶ (1) 「これ[こちら]は〜です」は This is 〜. で表します。
　 (2)(3) 「あれ[あちら]は〜です」は That is 〜. で表します。that is の短縮形は that's です。
❷ (1) This is 〜. は「こちらは〜です」と人を紹介するときに使うこともできます。
❸ (1) 日本語訳 「私は歌手です」→「こちらは歌手です」
　 (2) 日本語訳 「これは私のかばんです」→「あれは私のかばんです」
　 (3) 「あちらは〜です」と人を紹介する場合にも，That is 〜. を使うことができます。
　 日本語訳 「あなたは学生です」→「あちらは学生です」
　 (4) 日本語訳 「あれはあなたの家です」
❹ (1)(4) a[an]は「1つの」という意味を表しますが，日本語に訳されない場合もあります。
　 (3) your は「あなたの」という意味で，所有を表します。
❺ (1) 「1本の」を表す a は carrot の前に置きます。
　 (2) 「私の」を表す my は bike「自転車」の前に置きます。
　 (3) 「あなたの」を表す your は eraser「消しゴム」の前に置きます。

4 「この…は〜です」「あの…は〜です」 本冊 p.10

❶ (1) ア　(2) ウ　(3) イ　(4) イ
❷ (1) This，is　(2) That，is
　 (3) That man
❸ (1) This bird　(2) That girl
❹ (1) このネコはかわいいです。
　 (2) あの[あちらの]男の子は高校生です。
　 (3) あの家は私の友だちの家です。
　 (4) この[こちらの]女性はオーストラリア出身です。
❺ (1) This cake is delicious.
　 (2) That school is old.
　 (3) This man is my teacher.
　 (4) That computer is mine.
❻ (1) This pencil is short.
　 (2) This girl is my sister.
　 (3) That man is a math teacher.
　 (4) That book is interesting.

解き方

❶ (1)(4) 「この[こちらの]…は〜です」は〈This ＋名詞＋ is 〜.〉で表します。
　 (2)(3) 「あの[あちらの]…は〜です」は〈That ＋名詞＋ is 〜.〉で表します。
❸ (1) 日本語訳 「これは美しいです」→「この鳥は美しいです」
　 (2) 日本語訳 「この女の子はヨシコです」→「あの女の子はヨシコです」
❹ (1) cute は「かわいい」という意味です。
　 (2) high school student は「高校生」という意味です。
　 (3) 名詞に's をつけると「〜の」と所有を表すことができます。my friend's は「私の友だちの」という意味です。
　 (4) from 〜は「〜出身の」という意味です。
❺ (1) delicious は「おいしい」という意味です。

(2) old は「古い」という意味です。

(3) my は teacher「先生」の前に置きます。

(4) mine は「私のもの」という意味です。

❻ (1) short は「短い」という意味です。

(4) interesting は「おもしろい」という意味です。

---

⑤ 「私たちは～です」「彼らは～です」 本冊p.12

❶ (1) イ　(2) イ　(3) ウ　(4) ア

❷ (1) We are　(2) They are
(3) We're

❸ (1) We are　(2) They are
(3) They're

❹ (1) 彼ら[彼女たち]は芸術家です。
(2) 私たちは友だちです。
(3) 私たちは英語教師です。
(4) 彼ら[彼女たち]は私のいとこです。

❺ (1) We are free.
(2) They are good dancers.
(3) They're my books.
(4) We're soccer fans.

❻ (1) They are[They're] my uncles.
(2) We are[We're] guitarists.
(3) They are[They're] your notebooks.
(4) We are[We're] high school students.

解き方

❶ (1) 「私たちは～です」は We are[We're] ～. で表します。

(2)(3) 「彼ら[彼女たち]は～です」は They are [They're] ～. で表します。

(4) 主語が「私たちは」と複数なので，あとに続く名詞も複数形にします。

❸ (1) 日本語訳 「私はインド出身です」→「私たちはインド出身です」

(2) 日本語訳 「彼は医者です」→「彼らは医者です」

(3) 日本語訳 「彼らは私の兄弟です」

❹ (1) they「彼ら[彼女たち]は」は性別に関係

なく自分や相手を含まない複数人を指します。

(3) English teachers は「英語教師」という意味です。

❺ (1) free は「ひまな」という意味です。

(2) good「よい」は dancers「ダンサー」の前に置きます。

(3) they は「それらは」と人以外の複数のものを指す場合もあります。

❻ (4) 「高校生(たち)」は high school students で表します。

---

⑥ 「これらは～です」「あれらは～です」 本冊p.14

❶ (1) イ　(2) ウ　(3) イ

❷ (1) These are　(2) Those are
(3) Those, cars

❸ (1) These are　(2) Those are
(3) Those are　(4) are, friends

❹ (1) これらはノートです。
(2) あれらはパンダです。
(3) あれらは私の自転車です。
(4) これらはあなた(たち)のボールです。

❺ (1) These are English textbooks.
(2) Those are your dogs.
(3) These are my mother's hats.
(4) Those are my cousins.

❻ (1) These are violins.
(2) Those are my classmates.
(3) Those are lions.
(4) These are new students.

解き方

❶ (1) 「これらは～です」は These are ～. で表します。

(2) 「あれらは～です」は Those are ～. で表します。

(3) These are ～. は「こちらは～です」と複数の人を紹介するときに使うこともできます。

❷ (2) Those are ～. は「あちらは～です」と複数の人を紹介するときに使うこともできます。

(3) 「あれらは」と複数のものを指しているので,car「車」は複数形の cars にします。

❸ (1) 日本語訳 「これは消しゴムです」→「これらは消しゴムです」

(2) 日本語訳 「これらは私のかばんです」→「あれらは私のかばんです」

(3) a rabbit を rabbits と複数形にかえるので,主語は「あれらは」と複数を指す those にします。be 動詞も主語に合わせて are にします。
日本語訳 「あれはウサギです」→「あれらはウサギです」

(4) 主語を複数を指す these にかえるので,それに合わせて be 動詞を are にします。friend は friends と複数形にします。
日本語訳 「こちらは私の友人です」→「こちらは私の友人たちです」

❺ (1) textbook は「教科書」という意味です。

(3) my mother's は「私の母の」という意味です。

❻ (4) 「新入生たち」は new students で表します。

7 be 動詞の疑問文　本冊 p.16

❶ (1) ア　(2) ウ　(3) イ
❷ (1) Are they　(2) Are those
　(3) Is he
❸ (1) Is that　(2) Are they
　(3) Are you　(4) Is this
❹ (1) あれ[あちら]はあなた(たち)のお母さんですか。
　(2) このコンピューターは新しいですか。
　(3) あれらはあなた(たち)の車ですか。
　(4) あなたは理科教師ですか。
❺ (1) Is this a guitar?
　(2) Are these oranges?
　(3) Is he your uncle?
　(4) Are they singers?
❻ (1) Is that a gym?
　(2) Are those your friends?
　(3) Are you a baseball player?
　(4) Is this cake delicious?

❶ (1) 主語が you なので be 動詞は are にします。

(2) 主語が she なので be 動詞は is にします。

(3) 「これは~ですか」は Is this ~? で表します。be 動詞の疑問文は〈be 動詞+主語~?〉の語順です。

❷ (1) 「彼らは~ですか」は Are they ~? です。

(2) 「あれらは~ですか」は Are those ~? です。

(3) 「彼は~ですか」は Is he ~? です。

❸ (1) 日本語訳 「あれは図書館です」→「あれは図書館ですか」

(2) 日本語訳 「彼らはアメリカ合衆国出身です」→「彼らはアメリカ合衆国出身ですか」

(3) 「あなたは~ですか」なので Are you ~? を使います。
日本語訳 「彼女はブラウンさんですか」→「あなたはブラウンさんですか」

(4) 「これは~ですか」なので Is this ~? を使います。
日本語訳 「これらはあなたの本ですか」→「これはあなたの本ですか」

❹ (1) Is that ~? は「あれ[あちら]は~ですか」という意味です。

(2) 〈Is this + 名詞~?〉は「この…は~ですか」という意味です。

❻ (2) 「友人たち」は複数の人なので,「あちらは~ですか」は Are those ~? を使います。

8 be 動詞の疑問文の答え方　本冊 p.18

❶ (1) イ　(2) ウ　(3) ア　(4) イ
❷ (1) she is　(2) they are
　(3) it is　(4) I'm not
　(5) they aren't[they're not]
❸ (1) Yes, it is.　(2) No, I am not.
　(3) No, it isn't.　(4) Yes, we are.
❹ (1) Yes, it is.
　(2) No, they are not[they aren't / they're not].
　(3) No, it is not[it isn't / it's not].

❺ (1) **Yes, I am.**
　(2) **No, it is not[it isn't / it's not].**

解き方

❶ (1) Are you 〜?「あなたは〜ですか」には
Yes, I am.「はい, そうです」と答えます。
　(2) Is this 〜?「これは〜ですか」には No, it
is not.「いいえ, 違います」と答えます。
　(3) Are those 〜?「あれらは〜ですか」には
Yes, they are.「はい, そうです」と答えま
す。these や those は答えの文では they で
受けます。
　(4) Are they 〜?「彼らは〜ですか」には No,
they are not.「いいえ, 違います」と答えま
す。they are not は they aren't や they're
not と短縮形で表すこともできます。

❷ (1) Is she 〜?「彼女は〜ですか」に Yes で
答えるので, Yes, she is. とします。
　日本語訳「彼女はピアニストですか」「はい, そうです」
　(2) Are they 〜?「彼らは〜ですか」に No で
答えるので, No, they are not. とします。
　日本語訳「彼らはあなたのクラスメートですか」「いい
え, 違います」
　(3) Is this 〜?「これは〜ですか」に Yes で答
えるので, Yes, it is. とします。this や that
は答えの文では it で受けます。
　日本語訳「これは筆箱ですか」「はい, そうです」
　(4) Are you 〜?「あなたは〜ですか」に No で
答えるので, No, I'm not. とします。
　日本語訳「あなたは高校生ですか」「いいえ, 違います」
　(5) Are these 〜?「これらは〜ですか」に No
で答えるので, No, they aren't[they're
not] とします。
　日本語訳「これらはキツネですか」「いいえ, 違います」

❹ (1) 日本語訳「あれはラケットですか」「はい, そう
です」
　(2) 日本語訳「あちらは大学生ですか」「いいえ, 違い
ます」
　(3) 日本語訳「この本は古いですか」「いいえ, 古くあ
りません」

---

❾ be 動詞の否定文 本冊 p.20

❶ (1) ウ　(2) ウ　(3) ア
❷ (1) **You, not**　(2) **That is not**
　(3) **They aren't[They're not]**
❸ (1) **She is not**　(2) **Those are not**
　(3) **He isn't**　(4) **I'm not**
❹ (1) これはトラではありません。
　(2) あれらは私のカップではありません。
　(3) 彼女は 12 歳ではありません。
　(4) 私たちは大学生ではありません。
❺ (1) **That is not my aunt.**
　(2) **This movie isn't interesting.**
　(3) **I'm not a Japanese teacher.**
　(4) **They aren't busy.**
❻ (1) **He is not[He isn't / He's not]
Mr. White.**
　(2) **These are not[aren't] your
notebooks.**
　(3) **That mountain is not[isn't]
high.**
　(4) **I am[I'm] not a tennis fan.**

解き方

❶ (1) 「私は〜ではありません」は I am[I'm]
not 〜. で表します。
　(2) 「彼は〜ではありません」は He is not
[isn't] 〜. で表します。be 動詞の否定文は
〈主語＋ be 動詞＋ not 〜.〉の語順です。
　(3) 「これらは〜ではありません」は These are
not[aren't] 〜. で表します。

❷ (3) 空所が 2 つなので, They aren't 〜. また
は They're not 〜. と短縮形にします。

❸ (1) 日本語訳「彼女は医者です」→「彼女は医者で
はありません」
　(2) 日本語訳「あれらは箱です」→「あれらは箱では
ありません」
　(3) 日本語訳「彼は私の友人ではありません」
　(4) 日本語訳「あなたは中国出身ではありません」→
「私は中国出身ではありません」

❹ (4) we're は we are の短縮形です。

❺ (2) 「この…は〜ではありません」は〈This +
名詞〉で文を始めて短縮形の isn't を続けます。

❻ (3) 「あの…は〜ではありません」なので
〈That +名詞+ is not[isn't] 〜.〉を使います。
high は「高い」という意味です。

本冊 p.22
⑩ I や You で始まる一般動詞の文

❶ (1) イ　(2) ア　(3) イ
　(4) ウ　(5) ウ
❷ (1) study　(2) eat[have]
　(3) help　(4) speak
　(5) know　(6) want
❸ (1) 私は動物が好きです。
　(2) あなた(たち)は英語を勉強します。
　(3) あなた(たち)はバイオリンを弾きます
　　[演奏します]。
　(4) 私はあなた(たち)のお兄さん[弟さん]
　　を知っています。
❹ (1) You watch TV.
　(2) I help my friends.
　(3) I have a dog.
　(4) You want an apple.
❺ (1) I speak Japanese.
　(2) You have a sister.
　(3) I play baseball.
　(4) You like cats.

解き方

❶ (1) 「〜が好きだ」は like で表します。
　(2) 「(楽器)を弾く[演奏する]」は play で表し
　　ます。
　(3) 「〜を見る」は watch で表します。
　(4) 「〜を持っている」は have で表します。
　(5) 「(スポーツ)をする」は play で表します。
❷ (1) 「〜を勉強する」は study で表します。
　(2) 「〜を食べる」は eat で表します。have で
　　も「〜を食べる」という意味を表せます。
　(3) 「〜を手伝う」は help で表します。
　(4) 「(言語)を話す」は speak で表します。

(5) 「〜を知っている」は know で表します。
(6) 「〜がほしい」は want で表します。

❹ 一般動詞の文は〈主語＋一般動詞(＋目的語)
〜.〉の語順になります。

❺ (2) 「(家族・友人など)がいる」は have で表
すことができます。

本冊 p.24
⑪ Do you 〜?(疑問文)

❶ (1) Do　(2) Do　(3) Do
❷ (1) Do　(2) you　(3) Do you
❸ (1) you　(2) Do you
　(3) Do, speak　(4) Do you play
❹ (1) あなた(たち)はサッカーが好きですか。
　(2) あなた(たち)はお父さんを手伝います
　　か。
　(3) あなた(たち)は日本語を勉強し(てい)
　　ますか。
　(4) あなた(たち)は鉛筆を持っていますか。
❺ (1) Do you study Korean?
　(2) Do you know Emma?
　(3) Do you play baseball?
　(4) Do you want a dog?
❻ (1) Do you play the piano?
　(2) Do you know Jack?
　(3) Do you like English?
　(4) Do you have a cat?

解き方

❶ 一般動詞があるので，疑問文では do を使いま
す。

❷ 「あなたは〜しますか」は Do you 〜? で表し
ます。

❸ You で始まる一般動詞の文を疑問文にすると
きは Do を文頭に置きます。
(1) 日本語訳 「あなたは私の姉を知っています」→
「あなたは私の姉を知っていますか」
(2) 日本語訳 「あなたは音楽が好きです」→「あなた
は音楽が好きですか」
(3) 日本語訳 「あなたは中国語を話します」→「あな
たは中国語を話しますか」

(4) 日本語訳 「あなたはテニスをします」→「あなたはテニスをしますか」

❹ (1) like は「〜が好きだ」という意味です。
(2) help は「〜を手伝う」という意味です。
(3) study は「〜を勉強する」という意味です。
(4) have は「〜を持っている」という意味です。

❺ 「あなたは〜しますか」は〈Do you ＋一般動詞（＋目的語）〜?〉の語順になります。

❻ (1) 「（楽器）を弾く[演奏する]」は play で表します。「〜を弾く」と言う場合，楽器を表す名詞の前に the をつけます。
(2) 「〜を知っている」は know で表します。
(3) 「〜が好きだ」は like で表します。
(4) 「〜を飼っている」は have で表します。

⑫ Do you 〜? の答え方　本冊 p.26

❶ (1) ア　(2) イ　(3) ウ　(4) ウ
❷ (1) Yes　(2) No　(3) do
　(4) do not　(5) don't
❸ (1) Yes, I do.　(2) No, I do not.
　(3) No, I don't.
❹ (1) Yes, I do.
　(2) No, I do not[don't].
　(3) No, I do not[don't].
❺ (1) Yes, I do.
　(2) No, I do not[don't].
❻ Yes, I do. / No, I do not[don't].

解き方

❶ (1)(2) Do you 〜?「あなたは〜しますか」に「はい，します」と答えるときは Yes, I do. を使います。
(3)(4) Do you 〜?「あなたは〜しますか」に「いいえ，しません」と答えるときは No, I do not[don't]. を使います。
❷ (1) I do は「（私は）します」という肯定の意味なので，Yes「はい」を入れます。
日本語訳 「あなたは英語を勉強しますか」「はい，します」
(2) I do not は「（私は）しません」という否定の意味なので，No「いいえ」を入れます。

日本語訳 「あなたはフルートを演奏しますか」「いいえ，しません」
(3) Do you 〜?「あなたは〜しますか」に Yes で答えるので，Yes, I do. とします。
日本語訳 「あなたはモモが好きですか」「はい，好きです」
(4) Do you 〜?「あなたは〜しますか」に No で答えるので，No, I do not. とします。
日本語訳 「あなたは日本語を話しますか」「いいえ，話しません」
(5) 空所が1つなので，do not を don't と短縮形にします。
日本語訳 「あなたはグリーンさんを知っていますか」「いいえ，知りません」

❹ Yes で答えるときは Yes, I do.，No で答えるときは No, I do not[don't]. を使います。
(1) family は「家族」という意味です。
日本語訳 「あなたは家族を手伝いますか」「はい，手伝います」
(2) 日本語訳 「あなたは野球をしますか」「いいえ，しません」
(3) 日本語訳 「あなたはニンジンが好きですか」「いいえ，好きではありません」

❺ (2) trumpet は「トランペット」という意味です。

❻ 「あなたはピアノを弾きますか」という質問です。自分の立場で考えて，Yes, I do. か No, I do not[don't]. のどちらかで答えましょう。

⑬ I[You] don't 〜.（否定文）　本冊 p.28

❶ (1) ア　(2) ア　(3) イ
❷ (1) do　(2) do not　(3) don't
❸ (1) do　(2) do not
　(3) do, like　(4) don't know
❹ (1) 私はフランス語を勉強しません。
(2) あなた（たち）は理科が好きではありません。
(3) あなた（たち）はペットを飼っていません。
(4) 私はバイオリンを弾きません[演奏しません]。

❺ (1) You do not play table tennis.
　(2) I do not like vegetables.
　(3) I don't want a new bag.
　(4) You don't speak Chinese.
❻ (1) You do not[don't] play the guitar.
　(2) You do not[don't] know Mr. Wilson.
　(3) I do not[don't] watch soccer.
　(4) I do not[don't] like animals.

<hr>

解き方

❶ (1)(2) 「私は〜しません」はI do not[don't] 〜.で表します。
　(3) 「あなたは〜しません」はYou do not[don't] 〜.で表します。
❷ (3) 空所が1つなので don't を使います。
❸ IやYouが主語の一般動詞の文を否定文にするときは，一般動詞の前に do not[don't] を置きます。
　(1) 日本語訳 「私はぼうしを持っています」→「私はぼうしを持っていません」
　(2) 日本語訳 「私はテレビを見ます」→「私はテレビを見ません」
　(3) 日本語訳 「あなたはバナナが好きです」→「あなたはバナナが好きではありません」
　(4) 空所が2つなので don't を使います。
　日本語訳 「あなたは私のいとこを知っています」→「あなたは私のいとこを知りません」
❺ 「私[あなた]は〜しません」は〈I[You] do not[don't] ＋一般動詞(＋目的語)〜.〉の語順になります。
❻ (4) 1ぴきの動物ではなく，動物全般について述べているので，an animal ではなく animals と複数形にします。

<hr>

⑭ He[She]で始まる一般動詞の文　本冊 p.30

❶ (1) plays　(2) lives
　(3) knows　(4) drinks
❷ (1) speaks　(2) likes

❸ (3) wants
❸ (1) listens　(2) practices
❹ (1) 彼女はテニスをします。
　(2) 彼はバナナを食べます。
　(3) 彼女はこのコンピューターを使います。
　(4) 彼はノートをほしがっています。
❺ (1) He likes art.
　(2) She speaks Japanese.
　(3) She drinks milk.
　(4) He lives in Canada.
❻ (1) He knows Tom.
　(2) She plays the flute.
　(3) She likes vegetables.
　(4) He practices soccer.

<hr>

解き方

❶ 主語が he や she などの単数で，現在のことを表す文(3人称・単数・現在の文)の場合，基本的に一般動詞に s をつけます。
❷ (1) 「(言語)を話す」は speak で表します。主語が she なので speaks とします。
　(2) 「〜が好きだ」は like で表します。主語が he なので likes とします。
　(3) 「〜がほしい」は want で表します。主語が she なので wants とします。
❸ (1) 日本語訳 「私は音楽を聞きます」→「彼は音楽を聞きます」
　(2) 日本語訳 「あなたは柔道を練習します」→「彼女は柔道を練習します」
❺ 主語が he や she になっても，〈主語＋一般動詞(＋目的語)〜.〉の語順はかわりません。
　(4) live は live in 〜で「〜に住んでいる」という意味を表すので，lives のあとは in Canada と並べます。
❻ (2) 「(楽器)を演奏する」は plays とします。楽器を表す名詞の前には the をつけます。
　(3) 「〜が好きだ」は likes とします。「野菜」は vegetables と複数形にすることに注意しましょう。

9

⑮ 3人称・単数・現在形の動詞の形 本冊 p.32

❶ (1) likes (2) plays (3) knows
   (4) helps (5) watches (6) goes
   (7) teaches (8) studies
   (9) tries (10) has
❷ (1) ウ (2) ア (3) イ
❸ (1) helps (2) goes (3) studies
   (4) watches (5) has
❹ (1) speaks (2) teaches
   (3) watch (4) have
❺ (1) 彼女は中国語を勉強し(てい)ます。
   (2) 彼女は(毎週)日曜日に図書館に行きます。
   (3) 彼はラケットを持っています。
   (4) 彼は数学を教え(てい)ます。
❻ (1) He listens to music.
   (2) She studies English every day.
   (3) She has two brothers.
   (4) He goes to school by bike.

解き方

❶ (1)～(4) そのまま s をつけます。
   (5)(7) ch で終わる語なので es をつけます。
   (6) o で終わる語なので es をつけます。
   (8)(9) 〈子音字＋y〉で終わる語なので，y を i にかえて es をつけます。
   (10) have は has と不規則に変化します。
❷ (1) それぞれの発音は speaks[s]，plays[z]，cleans[z]，likes[s] です。
   (2) それぞれの発音は watches[ɪz]，uses[ɪz]，goes[z]，knows[z] です。
   (3) それぞれの発音は lives[z]，helps[s]，plays[z]，teaches[ɪz] です。
❹ (1) 日本語訳 「私は日本語を話します」→「彼は日本語を話します」
   (2) 日本語訳 「あなたは理科を教えています」→「彼女は理科を教えています」
   (3) 日本語訳 「彼女はテレビで野球を見ます」→「私はテレビで野球を見ます」
   (4) 日本語訳 「彼には兄がいます」→「あなたには兄がいます」

❺ (2) on Sundays は「(毎週)日曜日に」という意味です。
❻ (1) 「～を聞く」は listens to ～ とします。
   (4) by bike は「自転車で」という意味です。by ～ は「～で」と交通手段を表します。

⑯ Does he[she] ～?（疑問文） 本冊 p.34

❶ (1) Does (2) Does
   (3) cook (4) have
❷ (1) Does (2) Does he
   (3) Does, use
❸ (1) Does he (2) Does, teach
   (3) Does she clean
❹ (1) 彼はギターを弾きますか[演奏しますか]。
   (2) 彼はバスで学校に行きますか。
   (3) 彼女は音楽を聞きますか。
   (4) 彼女はフランス語を勉強し(てい)ますか。
❺ (1) Does she read books?
   (2) Does he teach history?
   (3) Does he help his grandmother?
   (4) Does she watch TV every day?
❻ (1) Does she play table tennis?
   (2) Does she live in Paris?
   (3) Does he have a computer?
   (4) Does he study Chinese?

解き方

❶ 3人称・単数・現在の一般動詞の疑問文は〈Does＋主語＋動詞の原形～?〉の形です。
❷ 「彼[彼女]は～しますか」は〈Does he[she]＋動詞の原形～?〉で表します。
❸ 3人称・単数・現在の一般動詞の文を疑問文にするときは Does を文頭に置き，動詞を原形にします。
   (1) 日本語訳 「彼は動物が好きです」→「彼は動物が好きですか」
   (2) 日本語訳 「彼女は英語を教えています」→「彼女

10

は英語を教えていますか」

(3) 日本語訳 「彼女は自分の部屋を掃除します」→「彼女は自分の部屋を掃除しますか」

❹ Does he[she] ~?で「彼[彼女]は~しますか」という意味です。

❺ 「彼[彼女]は~しますか」は〈Does he[she] +動詞の原形(+目的語)~?〉の語順になります。

(1) read は「~を読む」という意味です。

❻ 「彼[彼女]は~しますか」なので〈Does he[she] +動詞の原形~?〉を使います。

(2) 「~に住んでいる」は live in ~で表します。

(4) Chinese は「中国語」という意味です。

---

⑰ Does he[she] ~? の答え方 本冊 p.36

❶ (1) イ　(2) ウ　(3) ウ　(4) ア
❷ (1) Yes　(2) No　(3) does
　(4) does not　(5) doesn't
❸ (1) Yes, he does.
　(2) No, he does not.
　(3) No, she doesn't.
❹ (1) Yes, he does.
　(2) Yes, she does.
　(3) No, she does not[doesn't].
　(4) No, he does not[doesn't].
❺ (1) Yes, she does.
　(2) Yes, he does.
　(3) No, he does not[doesn't].

解き方

❶ (1) Does he ~?「彼は~しますか」に「はい，します」と答えるときは Yes, he does. を使います。

(2) Does she ~?「彼女は~しますか」に「はい，します」と答えるときは Yes, she does. を使います。

(3) Does she ~?「彼女は~しますか」に「いいえ，しません」と答えるときは No, she does not[doesn't]. を使います。

(4) Does he ~?「彼は~しますか」に「いいえ，しません」と答えるときは No, he does

---

not[doesn't]. を使います。

❷ (1) she does は「(彼女は)します」という肯定の意味なので，Yes「はい」を入れます。
日本語訳 「彼女は朝食を作りますか」「はい，作ります」

(2) he does not は「(彼は)しません」という否定の意味なので，No「いいえ」を入れます。
日本語訳 「彼はあなたのお父さんを知っていますか」「いいえ，知りません」

(3) 日本語訳 「彼は音楽を教えていますか」「はい，教えています」

(4) 日本語訳 「彼女はテレビを見ますか」「いいえ，見ません」

(5) 空所が1つなので，doesn't を使います。
日本語訳 「彼女は自転車で学校に行きますか」「いいえ，行きません」

❹ Yes で答えるときは Yes, he[she] does.，No で答えるときは No, he[she] does not[doesn't]. を使います。

(1) get up は「起きる」という意味です。
日本語訳 「彼は6時に起きますか」「はい，起きます」

(2) 日本語訳 「彼女はネコを飼っていますか」「はい，飼っています」

(3) 日本語訳 「彼女はこのカップを使いますか」「いいえ，使いません」

(4) 日本語訳 「彼はニューヨークに住んでいますか」「いいえ，住んでいません」

❺ (3) work は「働く」，on Saturdays は「(毎週)土曜日に」という意味です。

---

⑱ He[She] doesn't ~. (否定文) 本冊 p.38

❶ (1) does　(2) drink　(3) doesn't
❷ (1) does　(2) does not
　(3) doesn't
❸ (1) does　(2) does not
　(3) does, study
　(4) doesn't watch
❹ (1) 彼はこのコンピューターを使いません。
　(2) 彼女はトランペットを演奏しません。
　(3) 彼は私の母を知りません。
　(4) 彼女は美術を教え(てい)ません。
❺ (1) She does not eat tomatoes.

(2) He does not practice volleyball.

(3) He doesn't have a dictionary.

(4) She doesn't live in Japan.

❻ (1) She does not[doesn't] speak Chinese.

(2) He does not[doesn't] clean this room.

(3) He does not[doesn't] study English on Saturdays.

(4) She does not[doesn't] read Japanese books.

―――――― 解き方 ――――――

❶ 3人称・単数・現在の一般動詞の否定文は〈主語＋ does not[doesn't] ＋動詞の原形～.〉の形になります。

❷ (1) 「彼女は～しません」は She does not[doesn't] ～. で表します。

(2) 「彼は～しません」は He does not[doesn't] ～. で表します。

❸ (1) 日本語訳 「彼女は理科が大好きです」→「彼女は理科があまり好きではありません」

(2) 日本語訳 「彼は音楽を聞きます」→「彼は音楽を聞きません」

(3) 日本語訳 「彼は毎日日本語を勉強します」→「彼は毎日は日本語を勉強しません」

(4) 日本語訳 「彼女は放課後，テレビを見ます」→「彼女は放課後，テレビを見ません」

❺ 「彼[彼女]は～しません」は〈He[She] does not[doesn't] ＋動詞の原形（＋目的語）～.〉の語順になります。

❻ 「彼は～しません」は He does not[doesn't] ～.，「彼女は～しません」は She does not[doesn't] ～. を使います。

⑲ いろいろな代名詞 　本冊 p.40

❶ (1) ア (2) イ (3) ウ (4) イ

❷ (1) him (2) Her (3) It
(4) his (5) me

❸ (1) You (2) us (3) their

❹ (1) あのカップは私のものです。

(2) 彼のイヌはかわいいです。

(3) あなた(たち)は彼女と(いっしょに)学校に行きますか。

(4) これらはあなた(たち)のペンですか。

❺ (1) my (2) Its
(3) ours (4) them

❻ (1) This violin is hers.

(2) Is Mr. Mori your English teacher?

(3) He cleans his room.

(4) She does not[doesn't] know us.

―――――― 解き方 ――――――

❶ he, it などの人称代名詞には主格，所有格，目的格，所有代名詞の4つの形があります。

(1) 「彼女は」は主格の she です。

(2) 「私たちの」は所有格の our です。所有格は〈所有格＋名詞〉の形で使います。

(3) 「彼らを」は目的格の them です。

(4) 「あなたのもの」は所有代名詞の yours です。所有代名詞は「～のもの」という意味を表します。

❷ (1) he を目的格の him にします。
日本語訳 「私は彼が好きです」

(2) She を所有格の Her にします。
日本語訳 「彼女のお父さんは医者です」

(3) It はそのまま主格で使います。
日本語訳 「これは私の自転車です。それは新しいです」

(4) he を所有代名詞の his にします。
日本語訳 「あのかばんは彼のものですか」

(5) I を目的格の me にします。
日本語訳 「あなたは私を知っていますか」

❸ (1) 「あなた」を含む複数は，「あなたたち」に置きかえることができます。
日本語訳 「あなたとトムは兄弟です」→「あなたたちは兄弟です」

(2) 「私」を含む複数は「私たち」に置きかえることができます。

日本語訳 「あなたはマイと私を知っていますか」→「あなたは私たちを知っていますか」

(3) 所有代名詞を〈所有格＋名詞〉の形にかえます。

日本語訳 「あの家は彼らのものです」→「あれは彼らの家です」

❹ (3) 目的格は動詞の目的語になるほか，このように前置詞のあとに置くこともできます。

⑳ いろいろな形容詞 　本冊 p.42

❶ (1) old 　(2) long
　(3) easy 　(4) small
❷ (1) This is a big dog.
　(2) He is a kind boy.
　(3) I have an interesting book.
　(4) That old car is mine.
❸ (1) tree, tall 　(2) shirt, nice
　(3) actor, popular
　(4) cup, beautiful
❹ (1) これは新しい自転車です。
　(2) 彼女は有名な歌手です。
　(3) 私のかばんは小さいです。
　(4) あの鳥は美しいです。
❺ (1) Your teacher is young.
　(2) He is a good basketball player.
　(3) These are popular songs.
　(4) I know that tall girl.
❻ (1) This is an old temple.
　(2) That rabbit is cute.
　(3) She has a[one] beautiful doll.
　(4) This movie is exciting.

解き方

❶ (1) new「新しい」⇔ old「古い」
日本語訳 「この腕時計は新しいです」
(2) short「短い」⇔ long「長い」
日本語訳 「あなたは短い鉛筆を持っています」
(3) difficult「難しい」⇔ easy「簡単な」
日本語訳 「これは難しい問題です」
(4) large「大きい」⇔ small「小さい」
日本語訳 「これは大きな公園です」

❷ 形容詞は〈(a[an]＋)形容詞＋名詞〉の形で，その名詞を修飾する使い方があります。

(1) 日本語訳 「これはイヌです」→「これは大きなイヌです」
(2) 日本語訳 「彼は男の子です」→「彼は親切な男の子です」
(3) interesting は母音で始まるので，a を an にかえます。
日本語訳 「私は本を持っています」→「私はおもしろい本を持っています」
(4) 日本語訳 「あの車は私のものです」→「あの古い車は私のものです」

❸ 形容詞は〈主語＋ be 動詞＋形容詞.〉の形で主語を説明する使い方があります。

(1) 日本語訳 「あれは(背が)高い木です」→「あの木は(背が)高いです」
(2) 日本語訳 「これはすてきなシャツです」→「このシャツはすてきです」
(3) 日本語訳 「あれは人気のある俳優です」→「あの俳優は人気があります」
(4) 日本語訳 「これは美しいカップです」→「このカップは美しいです」

❹ (2) famous は「有名な」という意味です。
❺ (4) this[that] と形容詞が名詞につくときは〈this[that]＋形容詞＋名詞〉の語順です。
❻ (1) old「古い」は母音で始まるので an を使います。

㉑ いろいろな副詞 　本冊 p.44

❶ (1) イ 　(2) ア 　(3) ア 　(4) イ
❷ (1) usually 　(2) very
❸ (1) I often watch soccer.
　(2) He is always friendly.
　(3) This school is very old.
　(4) You play the guitar well.
❹ (1) あれ[あちら]はとても有名な歌手です。
　(2) 私はいつも6時に起きます。
　(3) あなた(たち)は私の姉[妹]をよく知っています。
　(4) 彼女はふつう[たいてい]早く学校に来ます。

❺
(1) He sings well.
(2) My mother is always busy.
(3) We often play tennis.
(4) This picture is very beautiful.

❻
(1) I am[I'm] sometimes sleepy.
(2) Does he run fast?
(3) You often clean your room.
(4) She plays the piano very well.

解き方

❶
(1) 「ときどき」は sometimes で表します。
(2) 「じょうずに」は well で表します。
(3) 「(時間が)早く」は early で表します。
(4) 「(速度が)速く」は fast で表します。

❷
(1) 「たいてい，ふつう」は usually で表します。
(2) 「とても」は very で表します。

❸
(1) often「よく，しばしば」などの頻度を表す副詞は，ふつう一般動詞の前に置きます。
日本語訳 「私はよくサッカーを見ます」
(2) always「いつも」などの頻度を表す副詞は，ふつう be 動詞のあとに置きます。
日本語訳 「彼はいつも親しみやすいです」
(3) very は形容詞や副詞を修飾します。修飾する形容詞や副詞の直前に置きます。
日本語訳 「この学校はとても古いです」
(4) well「じょうずに」などの動詞を修飾する副詞は〈動詞（＋目的語）〉のあとに置きます。
日本語訳 「あなたはじょうずにギターを弾きます」

22 まとめのテスト❶
本冊 p.46

❶ (1) ウ (2) ア (3) ア (4) イ
❷ (1) aren't (2) always goes
(3) Do, them
❸ (1) Those are (2) is sometimes
(3) teaches
❹ (1) このラケットはあなたのものです。
(2) あなたはよくギターを練習しますか。／はい，します。
(3) 彼はとても人気のある俳優です。

(4) 彼女は東京に住んでいません。

❺
(1) Are these chairs?
(2) I usually go to the library
(3) That is not our teacher.
(4) Does he swim fast?

❻
(1) Do you know her?
(2) He plays soccer very well.
(3) We are always busy.
(4) She has a[one] car.

解き方

❷
(1) 空所が１つなので，短縮形 aren't を使います。
(2) 「寝る」は go to bed で表します。３人称・単数・現在の文なので，go は goes にします。

❸
(1) elephant は「ゾウ」という意味です。
日本語訳 「あれはゾウです」→「あれらはゾウです」
(2) sometimes「ときどき」などの頻度を表す副詞は，ふつう be 動詞のあとに置きます。
日本語訳 「彼はひまです」→「彼はときどきひまです」
(3) 「彼女は数学を教えています」という一般動詞の文にかえます。
日本語訳 「彼女は数学教師です」→「彼女は数学を教えています」

❹
(1) yours は「あなたのもの」という意味です。
(3) 形容詞 popular「人気のある」が名詞 actor「俳優」を修飾しています。副詞 very「とても」は popular を修飾しています。

❺
(2) 頻度を表す副詞の usually「たいてい，ふつう」は一般動詞の前に置きます。
(4) 動詞を修飾する副詞 fast「速く」は swim のあとに置きます。

❻
(4) ３人称・単数・現在の文なので，have は has にします。

23 いろいろな前置詞❶
本冊 p.48

❶ (1) ア (2) イ (3) ア (4) イ
(5) イ (6) ア
❷ (1) at (2) on (3) in

    (4) at   (5) in

❸ (1) after school
  (2) watches, before
  (3) takes, after   (4) at ten

❹ (1) My father gets up at five forty.
  (2) I do my homework in the afternoon.
  (3) Do you play soccer on Mondays?
  (4) We swim in the sea in summer.

❺ (1) I study English before breakfast.
  (2) Do you have dinner at eight?
  (3) She does not[doesn't] work on Wednesday(s).
  (4) They visit Kyoto in (the) spring.

解き方

❶ (5) 「放課後」は after school で表します。after は「～のあとに」という意味です。
  (6) 「～の前に」は before で表します。

❷ (5) 「朝[午前中]」は in the morning, 「午後に」は in the afternoon, 「晩[夕方]に」は in the evening で表します。

❸ (1) 日本語訳 「紗世は放課後, 図書館で勉強します」
  (2) TV「テレビ」とあることに注目します。表から6時30分にテレビを見ること, またこれは夕食前であることがわかります。
  日本語訳 「紗世は夕食前にテレビを見ます」
  (3) a bath「風呂」とあることに注目します。表から9:30に風呂に入ること, またこれは夕食後であることがわかります。
  日本語訳 「紗世は夕食後に風呂に入ります」
  (4) 日本語訳 「紗世は10時30分に寝ます」

❹ (4) 「夏に」は in summer で表します。

❺ (3) 曜日に s をつけて複数形にすると, 「毎週～曜日に(いつも)」という意味になります。

㉔ いろいろな前置詞❷ 本冊 p.50

❶ (1) イ (2) イ (3) ア (4) イ
  (5) ア (6) ア

❷ (1) under (2) on
  (3) near[by] (4) in
  (5) around

❸ (1) on (2) under
  (3) in (4) by[near]

❹ (1) My notebook is in the desk.
  (2) I sometimes have lunch at this restaurant.
  (3) The ball under the sofa is hers.
  (4) Are you in front of the theater?

❺ (1) We live near[by] the supermarket.
  (2) My sister is in her room now.
  (3) The clock on the wall is nice.
  (4) Your pencil is under the desk.

解き方

❶ (3) 「～の近くの」は near を使います。
  (4) 「～の上の」は on を使います。
  (5) 「～の下の」は under を使います。
  (6) 「～のそばに」は by を使います。

❷ (2) 「壁に(かかって)」は on the wall です。on は何かに接触していることを表します。
  (4) 「箱に入っている」は「箱の中の」と考えます。「～の中の」は in で表します。
  (5) 「～の周りを」は around で表します。

❸ (1) 日本語訳 「リンゴはテーブルの上にあります」
  (2) 日本語訳 「私のイヌはいすの下にいます」
  (3) 日本語訳 「私は筆箱の中に消しゴムを持っています」
  (4) 傘がドアのそば[近く]にあるので, by[near] the door とします。
  日本語訳 「ドアのそば[近く]にある傘は私のものです」

❹ (3) under the sofa「ソファの下の」が名詞 the ball を修飾する形容詞の役割をしています。

15

(4) 「～の前に[で]」は in front of ～で表します。

❺ (2) 「部屋の中に」と考えて前置詞は in を使います。「(～に)いる」は be 動詞で表します。

㉕ 名詞と数　　　　　　本冊 p.52

❶ (1) pens　(2) cups　(3) buses
　(4) boxes　(5) cities
　(6) cherries　(7) lives
　(8) children　(9) men　(10) fish

❷ (1) ○　(2) ×　(3) ○　(4) ○
　(5) ×　(6) ×　(7) ×　(8) ○
　(9) ○　(10) ×

❸ (1) three birds　(2) five peaches
　(3) eight dictionaries
　(4) thirteen women

❹ (1) oranges　(2) classes
　(3) books　(4) children
　(5) countries　(6) coffee

❺ (1) 彼は箱を 5 つ持っています。
　(2) これらは大きな都市です。
　(3) 私は卵が 12 個必要です。
　(4) 私たちのクラスには 40 人の生徒がいます。

❻ (1) My father has three watches.
　(2) Are these his cameras?
　(3) I have one brother and two sisters.
　(4) Those fish are beautiful.

解き方

❶ (8) child「子ども」の複数形は children です。
　(9) man「男性」の複数形は men です。
　(10) fish「魚」は単数形と複数形が同じ形の名詞です。

❷ (2)(10) water「水」, tea「茶, 紅茶」は一定の形がない名詞です。
　(5)(7) music「音楽」, soccer「サッカー」は具体的な形がない名詞です。

(6) Japan「日本」は固有名詞です。

❸ (4) woman「女性」の複数形は women です。

❹ (1) 日本語訳 「私はオレンジが 3 つほしいです」
　(2) 日本語訳 「私たちは(毎週)木曜日に 6 つ授業があります」
　(3) 日本語訳 「あなたはかばんの中にたくさんの本を持っています」
　(4) 日本語訳 「あの子どもたちはとてもかわいいです」
　(5) 日本語訳 「カナダとオーストラリアは私のお気に入りの国です」
　(6) coffee「コーヒー」は数えられない名詞なので, そのままの形で使います。
　日本語訳 「私は毎日コーヒーをたくさん飲みます」

❻ (3) brother「兄」は 1 人なのでそのままの形で, sister「姉」は 2 人なので s をつけます。

㉖ a[an]と the　　　　　本冊 p.54

❶ (1) a　(2) an　(3) an
　(4) a　(5) an

❷ (1) the　(2) the　(3) ×
　(4) the　(5) ×

❸ (1) ○　(2) an English teacher
　(3) the third month　(4) ○

❹ (1) I watch TV in the morning.
　(2) She plays tennis for an hour
　(3) The earth goes around the sun.
　(4) Do you go to the hospital by train?

❺ (1) This is an interesting book.
　(2) The first month of the year is January.
　(3) She plays the violin after school.

解き方

❶ (1) 母音以外で始まる語なので a をつけます。
　(2)(3)(5) 母音で始まる語なので an をつけます。
　(4) uniform はつづりは u で始まりますが, 発音は[ユーニフォーム]なので a をつけます。

❷ (1) 「(楽器)を弾く」は〈play the ＋楽器〉です。
(2) east「東」のような方角は，1つしかないため the をつけます。
(3) 「寝る」は go to bed と a や the を使わずに表します。
(4) 「夕方(に)」は in the evening で表します。
(5) 交通手段を表すときは，a[an] や the を使わずに〈by ＋交通手段〉とします。
❸ (1) 前に出た名詞を指すときは the を使います。
日本語訳 「私はイヌを1ぴき飼っています。そのイヌはとても大きいです」
(2) 日本語訳 「中村先生は英語教師です」
(3) 序数の前には the をつけます。
日本語訳 「3月は1年の3番目の月です」
(4) 日本語訳 「彼はとてもじょうずにピアノを弾きます」
❹ (2) hour「1時間」はつづりは h で始まりますが，発音は[アウア]なので an をつけます。for an hour で「1時間」です。
❺ (2) 「最初の」は first で表します。序数の前には the をつけます。「1月」は January です。

27 命令文   本冊 p.56

❶ (1) help (2) Don't (3) study
❷ (1) Clean (2) Don't use
   (3) Let's watch
❸ (1) Be (2) Don't close
   (3) Let's practice
❹ (1) 毎日早く起きなさい。
   (2) この本を読んでください。
   (3) 教室で走ってはいけません。
   (4) 映画を見ましょう。
❺ (1) Don't speak Japanese here.
   (2) Please look at this picture.
   (3) Let's listen to music.
   (4) Don't be shy.
❻ (1) Let's go to the[a] park together.
   (2) Be quiet in the library.
   (3) Don't open this box.

(4) Do your homework before dinner.

解き方

❶ (1) 「～しなさい」という命令文は動詞の原形で文を始めます。ここでは Tom のあとにコンマがついているので，主語ではなく呼びかけの語です。
(2) 「～してはいけません」は〈Don't ＋動詞の原形～.〉で表します。
(3) 「～しましょう」は〈Let's ＋動詞の原形～.〉で表します。
❸ (1) be 動詞の命令文は，be 動詞の原形 Be で文を始めます。
日本語訳 「あなたは友だちに親切です」→「友だちに親切にしなさい」
(2) close は「～を閉める」という意味です。
日本語訳 「あなたは窓を閉めます」→「窓を閉めてはいけません」
(3) 日本語訳 「私たちはここでテニスを練習します」→「ここでテニスを練習しましょう」
❹ (1) get up は「起きる」という意味です。
(2) 命令文に please がつくと，「～してください」というていねいな命令文になります。
❺ (2) look at ～で「～を見る」という意味です。
(3) listen to ～で「～を聞く」という意味です。
❻ (2) 形容詞 quiet「静かな」を使うので，be 動詞の原形 Be で文を始めます。

28 〈can ＋動詞の原形〉の文   本冊 p.58

❶ (1) can (2) can dance
   (3) run
❷ (1) can (2) can read
   (3) can swim
❸ (1) can (2) can cook
   (3) can ski
❹ (1) 私はこの英語の本を読むことができます。
   (2) あなた(たち)はじょうずに卓球をすることができます。

(3) 私は一輪車に乗ることができます。

(4) 私の母は人形を作ることができます。

❺ (1) You can take pictures well.

(2) I can get up early.

(3) She can come to the party.

(4) The child can write his name.

❻ (1) You can walk fast.

(2) He can drive a car.

(3) I can make[cook] lunch today.

(4) Ms. Kato can teach math well.

解き方

❶ (1)(2) 「〜することができます」は〈can ＋動詞の原形〉で表します。

(3) 主語が3人称・単数であっても〈can ＋動詞の原形〉の形はかわりません。

❸ (1) 日本語訳 「私は英語の歌を歌います」→「私は英語の歌を歌うことができます」

(2) 日本語訳 「彼はカレーを作ります」→「彼はカレーを作ることができます」

(3) 主語が3人称・単数にかわりますが，can の文では動詞の形はかわりません。

日本語訳 「あなたはじょうずにスキーをすることができます」→「私の姉はじょうずにスキーをすることができます」

❹ (3) ride は「〜に乗る」，unicycle は「一輪車」という意味です。

❺ (1) take pictures で「写真を撮る」という意味です。well「じょうずに」は文末に置きます。

(2) early「早く」は文末に置きます。

(3) come to 〜で「〜に来る」という意味です。

❻ (2) 「〜を運転する」は drive で表します。

(3) 「〜を作る」は make または cook で表します。today「今日」はふつう文末に置きます。

㉙ 〈Can ＋主語〜?〉（疑問文） 本冊 p.60

❶ (1) Can (2) Can (3) play

❷ (1) Can (2) Can you

(3) Can he

❸ (1) Can you (2) Can she

(3) Can, eat

❹ (1) あなた(たち)は料理をすることができますか。

(2) あなた(たち)は海で泳ぐことができますか。

(3) あなた(たち)のお母さんはトランペットを演奏することができますか。

(4) 彼は英語をとてもじょうずに話すことができますか。

❺ (1) Can you read French?

(2) Can he use chopsticks?

(3) Can you run fast?

(4) Can Alice write a letter in Japanese?

❻ (1) Can you dance well?

(2) Can they come here now?

(3) Can your brother ride a bike?

(4) Can you climb a tree[trees]?

解き方

❶ (1)(2) 「〜することができますか」は〈Can ＋主語＋動詞の原形〜?〉で表します。

(3) 主語が3人称・単数であっても〈Can ＋主語＋動詞の原形〜?〉の形はかわりません。

❸ (1) 日本語訳 「あなたはこの機械を使うことができます」→「あなたはこの機械を使うことができますか」

(2) 日本語訳 「彼女はひらがなを書くことができます」→「彼女はひらがなを書くことができますか」

(3) 日本語訳 「トムは納豆を食べますか」→「トムは納豆を食べることができますか」

❹ (2) in the sea は「海で」という意味です。

❺ (2) chopstick は「はし」という意味で，2本で1膳なのでふつう複数形で使われます。

(4) 「(言語)で」は〈in ＋言語〉で表すので，「日本語で」は in Japanese とします。

❻ (2) come here で「ここに来る」という意味です。now はふつう文末に置きます。

(4) climb は「〜に登る」という意味です。「木登りをする」は climb a tree[trees]「木に登る」とします。

(3) 疑問文の主語の Maki and Sae 「マキとサエ」は，答えの文では they で受けます。

日本語訳 「マキとサエは今日，テニスを練習することができますか」「いいえ，できません」

❺ (1) 疑問文の主語は you なので，答えの文では I を使います。

(2) 疑問文の主語は you and Nick 「あなたとニック」なので，答えの文では we を使います。

❻ 「あなたはじょうずに料理をすることができますか」という質問です。自分の立場で考えて，Yes, I can. か No, I cannot[can't]. のどちらかで答えましょう。

30 〈Can ＋主語～?〉の答え方　本冊 p.62

❶ (1) ウ　(2) イ　(3) ウ　(4) ア
❷ (1) Yes　(2) No　(3) can
　(4) cannot[can't]
　(5) he cannot[can't]
❸ (1) Yes, she can.
　(2) No, I cannot.
　(3) No, he can't.
❹ (1) Yes, he can.
　(2) No, she cannot[can't].
　(3) No, they cannot[can't].
❺ (1) Yes, I can.
　(2) No, we cannot[can't].
❻ Yes, I can. / No, I cannot[can't].

解き方

❶ (1)(2) 〈Can ＋主語～?〉「～することができますか」に「はい，できます」と答えるときは〈Yes, 主語＋ can.〉を使います。

(3)(4) 〈Can ＋主語～?〉「～することができますか」に「いいえ，できません」と答えるときは〈No, 主語＋ cannot[can't].〉を使います。

❷ (1) 日本語訳 「あなたはこの本を読むことができますか」「はい，できます」

(2) 日本語訳 「彼はケーキを作ることができますか」「いいえ，できません」

(3) 日本語訳 「グリーンさんは車を運転することができますか」「はい，できます」

(4) 日本語訳 「あなたは卵を食べることができますか」「いいえ，できません」

(5) 疑問文の主語の your father 「あなたのお父さん」は，答えの文では he で受けます。

日本語訳 「あなたのお父さんは泳ぐことができますか」「いいえ，できません」

❹ (1) 疑問文の主語の your uncle 「あなたのおじさん」は，答えの文では he で受けます。

日本語訳 「あなたのおじさんはじょうずに写真を撮ることができますか」「はい，できます」

(2) 疑問文の主語の Ms. Davis 「デイビスさん」は，答えの文では she で受けます。

日本語訳 「デイビスさんは日本語の歌を歌うことができ

31 〈cannot ＋動詞の原形〉の文（否定文）　本冊 p.64

❶ (1) イ　(2) ア　(3) ウ
❷ (1) cannot[can't]
　(2) cannot[can't] go
　(3) cannot[can't] speak
❸ (1) cannot[can't]
　(2) cannot[can't] see
　(3) cannot[can't] dance
❹ (1) 私は魚を食べることができません。
　(2) 私の兄[弟]は今日，学校に行くことができません。
　(3) あなた(たち)は今，テレビゲームをすることができません。
　(4) 私たちはここでバレーボールを練習することができません。
❺ (1) I cannot answer this question.
　(2) You cannot eat in the library.
　(3) He can't get up early on weekends.
　(4) I can't remember her name.
❻ (1) I cannot[can't] buy this bag.
　(2) My father cannot[can't] go shopping today.
　(3) They cannot[can't] help you now.

❶ 「～することができません」は〈cannot [can't] ＋動詞の原形〉で表します。主語が3人称・単数でも，〈cannot[can't] ＋動詞の原形〉の形はかわりません。

❸ (1) 日本語訳 「あなたはこの自転車を使うことができます」→「あなたはこの自転車を使うことができません」

(2) 日本語訳 「私たちはその山をここから見ることができます」→「私たちはその山をここから見ることができません」

(3) 日本語訳 「私の母はおどりません」→「私の母はおどることができません」

❺ (1) answer は「～に答える」，question は「質問」という意味です。

(2) 「図書館で」は in the library で表します。

(3) 「週末に」は on weekends で表します。

(4) remember は「～を思い出す」という意味です。

❻ (2) go shopping は「買い物に行く」という意味です。

㉜ 現在進行形の文　　本冊 p.66

❶ (1) イ　　(2) ウ　　(3) ウ

❷ (1) are　　(2) am watching
(3) is helping

❸ (1) am eating　　(2) is talking
(3) He's studying
(4) We're looking

❹ (1) 私の姉[妹]は夕食を作って[料理して]います。
(2) 彼ら[彼女たち]は日本(語)の歌を歌っています。
(3) 私は今，歴史を勉強しています。
(4) 彼は公園を歩いて[散歩して]います。

❺ (1) Akira is playing a video game.
(2) I am doing my homework.
(3) We're eating breakfast now.
(4) They're cleaning their classroom.

❻ (1) I am[I'm] watching tennis on TV.
(2) He is[He's] listening to music in his room.
(3) They are[They're] helping their teacher(s).
(4) My father is playing the guitar now.

---

❶ 現在進行形「～しています」は〈主語 ＋ am[is, are] ＋動詞の ing 形～.〉で表します。

(3) She's は She is の短縮形です。

❸ (1) 日本語訳 「私は昼食を食べます」→「私は昼食を食べています」

(2) 日本語訳 「リカは友だちと話します」→「リカは友だちと話しています」

(3) 空所が2つなので短縮形 He's を使います。
日本語訳 「彼は図書館で勉強します」→「彼は図書館で勉強しています」

(4) 空所が2つなので短縮形 We're を使います。
日本語訳 「彼女はその写真を見ています」→「私たちはその写真を見ています」

❺ (3) we are が we're と短縮形になっています。
(4) they're は they are の短縮形です。

❻ (1) 「テレビで」は on TV で表します。
(3) 「自分たちの先生」は「彼らの先生」なので，their teacher(s) で表します。

㉝ いろいろな動詞の ing 形　　本冊 p.68

❶ (1) playing　　(2) studying
(3) coming　　(4) taking
(5) practicing　　(6) sitting
(7) getting　　(8) running

❷ (1) reading　　(2) using
(3) swimming　　(4) writing
(5) cooking　　(6) practicing
(7) sitting

❸ (1) She is[She's] speaking English.

(2) I am[I'm] making a sandwich for lunch.

(3) They are[They're] running around the lake.

(4) My brother is taking pictures in the park.

❹ (1) 彼は(彼の)車を運転しています。

(2) その女の子はソファに座っています。

(3) 私は今，数学を勉強しています。

(4) 彼ら[彼女たち]はあのレストランで夕食を食べています。

❺ (1) My sister is practicing tennis.

(2) The children are swimming in the sea.

(3) His mother is using his bike now.

(4) Mike is taking a bath.

❶ (1)(2) そのまま ing をつけます。

(3)～(5) 語尾が〈子音字＋e〉の語なので，e を取って ing をつけます。

(6)～(8) 語尾が〈短母音＋子音字〉の語なので，子音字を重ねて ing をつけます。

❸ (1) 日本語訳 「彼女は英語を話します」→「彼女は英語を話しています」

(2) for lunch は「昼食に」という意味です。

日本語訳 「私は昼食にサンドイッチを作ります」→「私は昼食にサンドイッチを作っています」

(3) 日本語訳 「彼らは湖の周りを走ります」→「彼らは湖の周りを走っています」

(4) 日本語訳 「私の兄は公園で写真を撮ります」→「私の兄は公園で写真を撮っています」

❺ (4) 主語が Mike なので be 動詞は is を使います。「風呂に入る」は take a bath で表し，take は e を取って ing をつけます。

㉞ 現在進行形の疑問文   本冊 p.70

❶ (1) Are   (2) Are
(3) Is   (4) washing

❷ (1) Are   (2) Is she
(3) Are, running

❸ (1) Are you   (2) Are, practicing
(3) Is he writing

❹ (1) 彼女は泳いでいるのですか。

(2) あなた(たち)は今，このペンを使っているのですか。

(3) あなた(たち)のお母さんは皿を洗っているのですか。

(4) 彼ら[彼女たち]は教室で昼食を食べているのですか。

❺ (1) Are you taking pictures?

(2) Is he making a chair?

(3) Is Jim talking with his friend?

(4) Is your sister practicing the piano now?

❻ (1) Is your cat sleeping?

(2) Are they sitting now?

(3) Are you doing your homework?

(4) Is Ms. Brown cleaning her room?

❶ 現在進行形の疑問文「～しているのですか」は〈Am[Is, Are]＋主語＋動詞の ing 形～?〉で表します。

❷ (3) run「走る」は n を重ねて ing をつけます。

❸ (1) 日本語訳 「あなたはおどっています」→「あなたはおどっているのですか」

(2) 日本語訳 「彼らはテニスを練習しています」→「彼らはテニスを練習しているのですか」

(3) He's は He is の短縮形です。

日本語訳 「彼は手紙を書いています」→「彼は手紙を書いているのですか」

❹ (3) dish は「皿」という意味です。

❺ (1) 「写真を撮る」は take pictures で表します。

(3) 「友人と」は with his friend で表します。

(4) 「(楽器)を練習する」と言う場合は，〈practice the ＋楽器〉と the がつきます。

21

⑥ (2) 「座る」は sit で表し，t を重ねて ing を
つけます。now「今」は文末に置きます。
(4) 「自分の部屋」は「彼女（＝ブラウンさん）の
部屋」なので，her room で表します。

㉟ 現在進行形の疑問文の答え方 本冊 p.72

❶ (1) イ (2) イ (3) ウ (4) イ
❷ (1) Yes (2) No (3) is
(4) aren't
(5) they aren't[they're not]
❸ (1) Yes, he is. (2) No, I am not.
(3) No, she isn't.
❹ (1) Yes, I am[we are].
(2) Yes, he is.
(3) No, they are not[they aren't /
they're not].
(4) No, she is not[she isn't / she's
not].
❺ (1) Yes, they are.
(2) No, he is not[he isn't / he's
not].
(3) Yes, I am.

解き方

❶ 現在進行形の疑問文には，be 動詞の疑問文と
同様に be 動詞を使って答えます。
(1) be 動詞の am を使って答えます。
(2) be 動詞の is を使って答えます。
(3) be 動詞を使って答えます。No の答えなの
で are not を使います。
(4) be 動詞を使って答えます。
❷ (1) 日本語訳 「彼女は映画を見ているのですか」
「はい，そうです」
(2) 日本語訳 「あなたは天ぷらを作っているのですか」
「いいえ，違います」
(3) 日本語訳 「あなたのお兄さんは野球をしているの
ですか」「はい，そうです」
(4) 空所が１つなので，are not を aren't と短
縮形にします。
日本語訳 「あなたたちは絵を描いているのですか」「い

いえ，違います」
(5) 疑問文の主語の Ben and Nick は，答えの
文では they で受けます。空所が２つなので，
they are not は they aren't または they're
not と短縮形にします。
日本語訳 「ベンとニックは日本語を勉強しているのです
か」「いいえ，違います」
❸ (3) your sister は she で受けます。
❹ (1) 主語が you なので，答えの文では I また
は we を使います。paint は「～を塗る」とい
う意味です。
日本語訳 「あなた（たち）は壁を塗っているのですか」
「はい，そうです」
(2) 主語が your father なので，答えの文では
he を使います。
日本語訳 「あなたのお父さんは皿を洗っているのです
か」「はい，そうです」
(3) 日本語訳 「彼らはプールで泳いでいるのですか」
「いいえ，違います」
(4) 日本語訳 「彼女は今，コンピューターを使ってい
るのですか」「いいえ，違います」
❺ (2) your brother は he で受けます。

㊱ 現在進行形の否定文 本冊 p.74

❶ (1) am (2) aren't (3) playing
❷ (1) am not (2) isn't
(3) aren't listening
❸ (1) not (2) am not
(3) are, studying
(4) aren't having
❹ (1) 私の母は（彼女の）車を運転していませ
ん。
(2) 私は今，テレビゲームをしていません。
(3) 彼はバスケットボールを練習していませ
ん。
(4) 彼ら[彼女たち]は体育館を[で]走って
いません。
❺ (1) She is not writing a letter.
(2) He is not walking with his
friend.

(3) I'm not helping my father.

(4) They aren't staying in Japan.

❻ (1) I am[I'm] not washing[doing] the dishes now.

(2) We are not[We aren't / We're not] sitting on the sofa.

(3) They are not[They aren't / They're not] swimming in the river.

(4) The boy is not[isn't] watching TV.

解き方

❶ 現在進行形の否定文「～していません」は〈主語＋am[is, are] not ＋動詞の ing 形～.〉で表します。

❷ (2) 空所が 1 つなので短縮形 isn't を使います。

(3) 空所が 2 つなので短縮形 aren't を使います。

❸ (1) 日本語訳 「彼女は昼食を作っています」→「彼女は昼食を作っていません」

(2) 日本語訳 「私は本を読んでいます」→「私は本を読んでいません」

(3) 否定文にしても，動詞の ing 形はそのまま使います。

日本語訳 「彼らは数学を勉強しています」→「彼らは数学を勉強していません」

(4) 空所が 2 つなので，are not は aren't と短縮形にします。

日本語訳 「私たちは夕食を食べています」→「私たちは夕食を食べていません」

❹ (4) in the gym は「体育館で[を]」です。

❺ (4) 「日本に」は in Japan で表します。

❻ (2) 「ソファに」は「ソファの上に」と考えて on the sofa で表します。

---

❸❼ まとめのテスト❷ 〔本冊 p.76〕

❶ (1) ウ (2) イ (3) イ (4) ア

❷ (1) under (2) not using

(3) Let's / cannot[can't]

❸ (1) an[one] orange

---

(2) Be careful

(3) are running

❹ (1) 私の父は中国語をとてもじょうずに話すことができます。

(2) 壁にかかった絵[写真]を見なさい。

(3) あの女の子は音楽を聞いているのですか。

(4) 私たちは昼食のあとにギターを練習します。

❺ (1) We have a field trip in May.

(2) Clean this room, please.

(3) They are talking with their teacher.

(4) Can she meet us today?

❻ (1) I cannot[can't] cook[make] dinner on Monday(s).

(2)① Are you watching TV?

② No, we are not[we aren't / we're not].

(3) He has three children.

(4) My cat is by[near] the window.

解き方

❶ (4) 「朝に」は in the morning で表します。

❷ (3) I'm sorry. は「すみません」と謝る表現です。

❸ (1) 下線部を「1 つの」という意味の an[one] にかえるので，あとの名詞は単数形にします。

日本語訳 「私はたくさんのオレンジを持っています」→「私は 1 つのオレンジを持っています」

(2) careful は「注意深い」という意味です。

日本語訳 「あなたは注意深いです」→「注意しなさい」

(3) schoolyard は「校庭」という意味です。

日本語訳 「その男の子たちは毎日校庭を走ります」→「その男の子たちは今，校庭を走っています」

❹ (4) after は「～のあとに」という意味です。

❺ (2) 〈命令文, please.〉の形にします。

❻ (3) 「（家族・友人など）がいる」は have[has] を使って表します。

23

38 一般動詞(過去)の文(規則動詞) 本冊p.78

❶ (1) helped　(2) watched
　 (3) enjoyed　(4) used
　 (5) closed　(6) carried
　 (7) cried　(8) stopped
❷ (1) visited　(2) walked
　 (3) lived　(4) studied
❸ (1) listened　(2) talked
　 (3) danced　(4) tried
❹ (1) 私はギターを弾きました[演奏しました]。
　 (2) 私たちは昨夜，皿を洗いました。
　 (3) 私の母はこの前の日曜日にこの自転車を使いました。
　 (4) 彼は昨日，私のかばんを運び[運んでくれ]ました。
❺ (1) I watched a tennis match.
　 (2) They enjoyed the party yesterday.
　 (3) The rain stopped last night.
　 (4) We stayed in Japan last week.
❻ (1) I lived in Australia last year.
　 (2) She cleaned this room yesterday.
　 (3) Ken studied science last Friday.
　 (4) They practiced basketball in the gym.

解き方

❶ (6) carry は「～を運ぶ」という意味です。
　 (7) cry は「泣く」という意味です。
　 (8) stop は「～をやめる，（雨などが）やむ」という意味です。
❸ yesterday は「昨日」という意味で過去を表すので，動詞を過去形にかえます。
　 (1) 日本語訳 「私は音楽を聞きます」→「私は昨日，音楽を聞きました」
　 (2) 日本語訳 「彼女はスミスさんと話します」→「彼女は昨日，スミスさんと話しました」

(3) 日本語訳 「私たちはいっしょにおどります」→「私たちは昨日，いっしょにおどりました」
(4) 日本語訳 「マイクは全力を尽くします」→「マイクは昨日，全力を尽くしました」
❹ (2) last は「この前の～，昨～」という意味で，last night で「昨夜」となります。
❻ (4) 「体育館で」は in the gym で表します。

39 一般動詞(過去)の文(不規則動詞) 本冊p.80

❶ (1) made　(2) saw　(3) took
　 (4) bought　(5) did　(6) got
　 (7) ran　(8) had
❷ (1) came　(2) got
　 (3) went　(4) did
❸ (1) made　(2) wrote
　 (3) ate　(4) read
❹ (1) 私は昨日，新しいかばんを買いました。
　 (2) 彼女は先週，動物園に行きました。
　 (3) 私の母は昨夜，カレーを作りました。
　 (4) 私は3日前に私のネコの写真を撮りました。
❺ (1) We had bread for lunch.
　 (2) My father came home late last night.
　 (3) I saw a movie last Saturday.
　 (4) The dog ran in the park yesterday.
❻ (1) He wrote a[one] letter last month.
　 (2) My grandfather got up at five yesterday.
　 (3) Lisa read this book last week.
　 (4) I took a bath before dinner.

解き方

❶ (e)d をつけて過去形を作る動詞を規則動詞というのに対し，不規則に変化して過去形を作る動詞を不規則動詞といいます。
❸ (1) 日本語訳 「彼女はケーキを作ります」→「彼女は昨日，ケーキを作りました」

24

(2) 日本語訳 「私は英語で手紙を書きます」→「私は昨夜,英語で手紙を書きました」

(3) 日本語訳 「兄はリンゴを食べます」→「兄は昨日の朝,リンゴを食べました」

(4) read［リード］の過去形は read［レッド］です。つづりは同じですが発音がかわります。

日本語訳 「サヤカはこの本を読みます」→「サヤカは2週間前にこの本を読みました」

❹ (4) ～ ago は「～前に」という意味です。

❺ (2) 「帰宅しました」は came home で表し,late「遅くに」を続けます。

❻ (2) 「起きました」なので get up の get を過去形 got にして表します。

(4) 「風呂に入りました」なので take a bath の take を過去形 took にして表します。

㊵ 一般動詞（過去）の疑問文と答え方 本冊 p.82

❶ (1) Did (2) Did (3) see

❷ (1) did (2) did not (3) didn't

❸ (1) Did (2) Did, live
   (3) Did, eat (4) Did he take

❹ (1) 彼は今朝,早く起きましたか。
   (2) あなた(たち)は昨日,両親を手伝いましたか。
   (3) あなた(たち)のおじさんは先月,京都に滞在しましたか。
   (4) 彼ら[彼女たち]は3日前に公園を走りましたか。

❺ (1) Did she do her homework yesterday?
   (2) Did you go to school by bike?
   (3) Did they enjoy the party last night?
   (4) Did you visit Tokyo last week?

❻ (1) Did you go to bed early yesterday?
   (2) Yes, I did.
   (3) Did Ms. Sato talk with[to] you last Friday?
   (4) No, she did not[didn't].

解き方

❶ 一般動詞の過去の疑問文「～しましたか」は〈Did ＋主語＋動詞の原形～?〉で表します。

❷ 〈Did ＋主語＋動詞の原形～?〉に Yes で答えるときは〈Yes, 主語＋ did.〉,No で答えるときは〈No, 主語＋ did not.〉を使います。did not は didn't と短縮形で表すこともできます。

(1) 日本語訳 「あなたは昨日,ピアノを弾きましたか」「はい,弾きました」

(2) 日本語訳 「彼女は今日,昼食を作りましたか」「いいえ,作りませんでした」

(3) 日本語訳 「あなたのお兄さんはこの前の金曜日に野球を練習しましたか」「いいえ,しませんでした」

❸ (1) 日本語訳 「あなたは昨日,数学を勉強しました」→「あなたは昨日,数学を勉強しましたか」

(2) 日本語訳 「アヤは昨年,大阪に住んでいました」→「アヤは昨年,大阪に住んでいましたか」

(3) pizza は「ピザ」という意味です。

日本語訳 「あなたは昨夜,ピザを食べました」→「あなたは昨夜,ピザを食べましたか」

(4) 日本語訳 「彼は動物園で写真を撮りました」→「彼は動物園で写真を撮りましたか」

❹ (2) parent は「親」という意味です。parents と複数形で「両親」という意味を表します。

❻ (1) 「早く寝る」は go to bed early です。

(3) 「～と話す」は talk with[to] ～で表します。

(4) Ms. Sato は答えの文では she で受けます。

㊶ 一般動詞（過去）の否定文 本冊 p.84

❶ (1) did (2) didn't (3) listen

❷ (1) did not (2) didn't
   (3) didn't watch

❸ (1) did (2) did not
   (3) did, write (4) didn't clean

❹ (1) 私の父は昨日,(彼の)車を使いませんでした。
   (2) 彼女はこの前の月曜日にバドミントンをしませんでした。
   (3) 私は昨日,家で理科を勉強しませんでした。

(4) 私たちは昨年，ここに住んでいません
でした。
❺ (1) **I did not see him last week.**
(2) **You did not come to school yesterday.**
(3) **He didn't help his mother last night.**
❻ (1) **She did not[didn't] wash[do] the dishes last night.**
(2) **They did not[didn't] swim in the pool yesterday.**
(3) **I did not[didn't] like vegetables ten years ago.**
(4) **My cat did not[didn't] eat this fish.**

解き方

❶ 一般動詞の過去の否定文「〜しませんでした」
は〈主語 + **did not[didn't]** + 動詞の原形
〜**.**〉で表します。

❸ (1) 日本語訳 「エミは昨日，昼食を料理しました」
→ 「エミは昨日，昼食を料理しませんでした」
(2) 日本語訳 「私は今日，宿題をしました」 → 「私は
今日，宿題をしませんでした」
(3) wrote の原形は write です。
日本語訳 「彼はぼうしに名前を書きました」 → 「彼はぼ
うしに名前を書きませんでした」
(4) 空所が 2 つなので短縮形 didn't を使います。
日本語訳 「彼らは台所を掃除しました」 → 「彼らは台所
を掃除しませんでした」
❹ (3) at home は「家で」という意味です。
❺ (2) 「学校に来る」は come to school で表し
ます。
❻ (1) 「皿を洗う」は wash[do] the dishes で
表します。
(2) 「プールで」は in the pool で表します。
(3) 「10 年前は」は ten years ago で表すこと
ができます。

㊷ be 動詞（過去）の文　　本冊 p.86

❶ (1) イ　(2) イ　(3) ウ
❷ (1) was　(2) were　(3) was
❸ (1) I was　(2) They were
(3) were
❹ (1) 私は昨日の午後，（その）駅にいました。
(2) これらのイヌは昨年，小さかったです。
(3) 私たちはそのとき，悲しかったです。
(4) 私の祖母は 5 年前，教師でした。
❺ (1) **Sarah's baby was cute.**
(2) **You were in Osaka yesterday.**
(3) **I was sick last week.**
(4) **Those students were very kind.**
❻ (1) **We were free last night.**
(2) **My sister was a high school student then.**
(3) **These questions were difficult.**
(4) **I was in Canada three years ago.**

解き方

❶ 「〜でした」，「（〜に）いました[ありました]」
は be 動詞の過去形で表します。**am, is** の過
去形は **was**，**are** の過去形は **were** です。

❸ (1) now「今」を yesterday「昨日」という
過去を表す語にかえるので，be 動詞は過去形
の was にします。
日本語訳 「私は今，ひまです」→「私は昨日，ひまでした」
(2) an hour ago「1 時間前」という過去を表
す語句を加えるので，be 動詞は過去形の
were にします。
日本語訳 「彼らは教室にいます」 → 「彼らは 1 時間前，
教室にいました」
(3) 主語の that book を those books と複数
形にかえるので，be 動詞も were にします。
日本語訳 「あの本は簡単でした」 → 「あれらの本は簡単
でした」
❹ (1) station は「駅」，yesterday afternoon
は「昨日の午後」という意味です。

(3) sad は「悲しい」，then は「そのとき」という意味です。

❺ (2) 「大阪に」は in Osaka で表します。

❻ (4) 「3年前」は three years ago で表します。

43 be 動詞（過去）の疑問文と答え方　本冊 p.88

❶ (1) イ　(2) イ　(3) ア
❷ (1) was　(2) were　(3) was not
　(4) weren't　(5) wasn't
❸ (1) Were you　(2) Was he
　(3) Were
❹ (1) 彼女は昨年，英語教師でしたか。
　(2) あれらの写真[絵]は美しかったですか。
　(3) あなた(たち)は昨日の午前中[朝]，学校にいましたか。
　(4) 私のかばんはそのとき，ドアのそばにありましたか。
❺ (1) Were you sleepy this morning?
　(2) Was the curry delicious?
　(3) Was his sister sick last week?
　(4) Were they in the park last night?
❻ (1) Were those[the] men busy last month?
　(2) Yes, they were.
　(3) Were you in your room yesterday evening?
　(4) No, I was not[wasn't].

解き方

❶ 「～でしたか」，「(～に)いましたか[ありましたか]」は be 動詞の過去の疑問文〈Was[Were]＋主語～?〉で表します。
❷ 〈Was[Were]＋主語～?〉に Yes で答えるときは〈Yes, 主語＋was[were].〉，No で答えるときは〈No, 主語＋was[were] not.〉を使います。was not は wasn't，were not は weren't と短縮形で表すこともできます。

(1) 日本語訳 「あなたは昨夜，家にいましたか」「はい，いました」
(2) 日本語訳 「あなたとエミは昨日，疲れていましたか」「はい，疲れていました」
(3) 日本語訳 「あなたのお父さんは医者でしたか」「いいえ，医者ではありませんでした」
(4) 日本語訳 「これらの本はおもしろかったですか」「いいえ，おもしろくありませんでした」
(5) 日本語訳 「あなたはそのとき，眠かったですか」「いいえ，眠くありませんでした」

❸ (1) 日本語訳 「あなたは昨日，幸せでした」→「あなたは昨日，幸せでしたか」
(2) 日本語訳 「彼はよいサッカー選手でした」→「彼はよいサッカー選手でしたか」
(3) 日本語訳 「その男の子は体育館にいましたか」→「その男の子たちは体育館にいましたか」

❹ (3) yesterday morning は「昨日の午前中[朝]」という意味です。
❻ (1) man「男性」の複数形は men です。
(2) 疑問文の主語の those[the] men は答えの文では they で受けます。

44 be 動詞（過去）の否定文　本冊 p.90

❶ (1) イ　(2) ウ　(3) ア
❷ (1) was not　(2) weren't
　(3) wasn't
❸ (1) were not　(2) was not
　(3) weren't
❹ (1) 私の父はそのとき，居間[リビング]にいませんでした。
　(2) 私たちは昨年，クラスメートではありませんでした。
　(3) これらの本は難しくありませんでした。
　(4) 私は4か月前は大学生ではありませんでした。
❺ (1) I was not in the classroom then.
　(2) We were not free last night.
　(3) The soccer game wasn't exciting.
　(4) Those girls weren't tennis fans

five years ago.

❻ (1) My mother was not[wasn't] in the kitchen.

(2) They were not[weren't] tired yesterday.

(3) You were not[weren't] in Japan last Monday.

解き方

❶ 「～ではありませんでした」,「(～に)いませんでした[ありませんでした]」は be 動詞の過去の否定文〈主語＋was[were] not ～.〉で表します。

(2) was not の短縮形は wasn't です。

(3) were not の短縮形は weren't です。

❸ (1) 日本語訳 「私たちはそのとき，幸せでした」→「私たちはそのとき，幸せではありませんでした」

(2) 日本語訳 「私は学生ではありません」→「私は3年前，学生ではありませんでした」

(3) 日本語訳 「彼女は注意深くありませんでした」→「あなたは注意深くありませんでした」

❹ (4) college student は「大学生」，four months ago は「4か月前」という意味です。

❻ (1) 「台所に」は in the kitchen で表します。

(2) 「疲れた」は tired で表します。

(3) 「日本に」は in Japan で表します。

㊺ 過去進行形の文　本冊 p.92

❶ (1) イ　(2) ア　(3) ウ
❷ (1) was　(2) was studying
(3) were swimming
❸ (1) was using
(2) were watching
(3) was writing
❹ (1) 私はそのとき，歌を歌っていました。
(2) 私の両親は大阪に滞在していました。
(3) 私たちは昨日の午後，映画を見ていました。
(4) 彼は昨夜の8時に風呂に入っていました。

❺ (1) The students were cleaning their classroom.
(2) I was walking with my mother.
(3) They were having lunch at noon
❻ (1) You were reading a Japanese book.
(2) She was practicing tennis in [at] the park.
(3) My brother was sitting on the chair.
(4) We were sleeping then.

解き方

❶ 過去進行形「～していました」は〈主語＋was[were]＋動詞の ing 形～.〉で表します。

❸ (1) 日本語訳 「エマはコンピューターを使っています」→「エマはコンピューターを使っていました」

(2) 日本語訳 「私の兄たちはテレビを見ています」→「私の兄たちはテレビを見ていました」

(3) 過去進行形の文にするので，主語のあとを〈was[were]＋動詞の ing 形〉にします。主語が I なので be 動詞は was を使います。

日本語訳 「私は手紙を書きました」→「私は手紙を書いていました」

❹ (4) at eight last night は「昨夜の8時に」という意味です。

❺ (2) 「母と」は with my mother で表します。

(3) 「正午に」は at noon で表します。時を表す副詞句は at noon yesterday「昨日の正午に」のように，単位の小さいほうから並べます。

❻ (3) sit「座る」は t を重ねて ing をつけます。

㊻ 過去進行形の疑問文と答え方　本冊 p.94

❶ (1) Were　(2) Were
(3) Was　(4) playing
❷ (1) was　(2) were not
(3) wasn't
❸ (1) Were you　(2) Was he
(3) Were they studying

④ (1) グリーンさん[先生]はギターを練習し
ていたのですか。
(2) あなた(たち)は鳥の写真を撮っていた
のですか。
(3) あなた(たち)の子どもたちはそのとき,
海で泳いでいたのですか。
(4) 彼は昨日の午後3時にテレビを見てい
たのですか。
⑤ (1) Were you helping your mother?
(2) Was your dog sleeping then?
(3) Were they doing their
homework?
(4) Was the man standing there?
⑥ (1) Were you and your brother
playing tennis?
(2) Yes, we were.
(3) Was she having[eating]
breakfast then?
(4) No, she was not[wasn't].

解き方

① 過去進行形の疑問文「～していたのですか」
は〈Was[Were] ＋主語＋動詞の ing 形～?〉で
表します。
② 過去進行形の疑問文に答えるときは〈Yes, 主
語 ＋ was[were].〉,〈No, 主 語 ＋ was
[were] not.〉を使います。was not の短縮
形は wasn't, were not は weren't です。
(1) 日本語訳 「あなたは部屋を掃除していたのですか」
「はい,していました」
(2) 日本語訳 「その男の子たちは川沿いを走っていた
のですか」「いいえ,走っていませんでした」
(3) 日本語訳 「彼女はそのとき,音楽を聞いていたの
ですか」「いいえ,聞いていませんでした」
③ (1) 日本語訳 「あなたはお好み焼きを作っていまし
た」→「あなたはお好み焼きを作っていたのですか」
(2) 日本語訳 「彼は昨日の2時に働いていました」→
「彼は昨日の2時に働いていたのですか」
(3) 日本語訳 「彼らは数学を勉強しましたか」→「彼
らは数学を勉強していたのですか」
④ (4) at three yesterday afternoon は「昨
日の午後3時に」という意味です。

⑥ (2) 疑問文の主語の you and your brother
は答えの文では we で受けます。

㊼ 過去進行形の否定文 〔本冊 p.96〕

① (1) イ (2) イ (3) ウ
② (1) were not (2) was, talking
(3) weren't dancing
③ (1) was not
(2) weren't listening
(3) wasn't using
④ (1) 私はマンガを読んでいませんでした。
(2) 彼女は一輪車に乗っていませんでした。
(3) 私たちはそのとき,このホテルに滞在
していませんでした。
(4) あれらのネコは今朝,ソファに座って
いませんでした。
⑤ (1) I was not making a cake.
(2) He wasn't taking a bath.
(3) They were not watching the
baseball game.
(4) The teachers weren't talking
about the school trip.
⑥ (1) She was not[wasn't] drawing
a picture[pictures].
(2) Yuta was not[wasn't] reading
this letter then.
(3) We were not[weren't] singing.

解き方

① 過去進行形の否定文「～していませんでした」
は〈主語＋ was[were] not ＋動詞の ing 形
～.〉で表します。
(2) wasn't は was not の短縮形です。
(3) weren't は were not の短縮形です。
③ (1) 日本語訳 「彼は皿を洗っていました」→「彼は
皿を洗っていませんでした」
(2) 日本語訳 「その女の子は音楽を聞いていませんで
した」→「その女の子たちは音楽を聞いていませんで
した」
(3) 「～していませんでした」という過去進行形

の否定文にするので，主語のあとに was not [wasn't] を置き，動詞は ing 形にします。

日本語訳 「私は自分の自転車を使いませんでした」→「私は自分の自転車を使っていませんでした」

❹ (3) hotel は「ホテル」という意味です。

❺ (2) 「風呂に入る」は take a bath で表します。
   (4) 「修学旅行について」は about the school trip で表します。

❻ (1) 「～を描く」は draw で表します。

㊽ What ～? の文   本冊 p.98

❶ (1) What (2) is (3) do
❷ (1) What are (2) What does
   (3) What animal(s)
❸ (1) What, this (2) What do you
   (3) What does, play
❹ (1) あれは何ですか。
   (2) あなた(たち)は昨日，何を読みましたか。
   (3) 彼は今，何をしているのですか。
   (4) あなた(たち)は何の言語[何語]を話すことができますか。
❺ (1) What does Mr. Noda have for breakfast?
   (2) What are those?
   (3) What TV program did you watch last night?
   (4) What were they making then?
❻ (1) What can she cook[make]?
   (2) What fruit(s) do you like?
   (3) What are those[the] boys practicing now?

解き方

❶ 「何？」とたずねるときは，What で文を始め，疑問文の語順を続けます。
❷ (3) 「何の…」は〈what ＋名詞〉で表します。「何の動物」は what animal(s) です。
❸ 下線部を「何？」を表す what に置きかえて，

文頭に出し，疑問文の語順を続けます。
   (1) 日本語訳 「これは病院です」→「これは何ですか」
   (2) 日本語訳 「あなたはノートがほしいです」→「あなたは何がほしいですか」
   (3) 日本語訳 「彼女はテニスをします」→「彼女は何を(プレー)しますか」

❹ (1) what's は what is の短縮形です。
   (4) 〈What ＋名詞〉のあとに can の疑問文の形が続いています。

❺ (3) 「何のテレビ番組」とあるので，What TV program で文を始め，〈did ＋主語＋動詞の原形～?〉を続けます。

❻ (2) 「何の…を～しますか」なので，〈What ＋名詞〉で文を始め，一般動詞の現在の疑問文の語順を続けます。

㊾ What time ～? の文   本冊 p.100

❶ (1) What time (2) do (3) did
❷ (1) time, it (2) What time
   (3) What, does
❸ (1) What, do
   (2) What time, come
   (3) What time is
❹ (1) 今，何時ですか。
   (2) あなた(たち)のお父さんは何時に仕事に行きますか。
   (3) あなた(たち)はふつう[たいてい]何時に寝ますか。
   (4) 彼ら[彼女たち]は何時に昼食を食べましたか。
❺ (1) What time do you practice tennis?
   (2) What time does the store open?
   (3) What time did he take a bath yesterday?
   (4) What time can you come to the party?
❻ (1) What time did you do your homework last night?

(2) **What time does your sister go to school?**

(3) **What time is it now?**

(2) **Who are they?**

(3) **Who is[Who's] that woman?**

(4) **Who washes[does] the dishes?**

解き方

❶ 「何時？」とたずねるときは、**What time** で文を始め、疑問文の語順を続けます。この文のように、時・天候・寒暖などを表す文では主語に **it** を使います。この **it** は「それは」と日本語には訳しません。

❸ (1) 日本語訳 「彼らは４時に英語を勉強します」→「彼らは何時に英語を勉強しますか」

(2) 日本語訳 「彼は昨日、６時に帰宅しました」→「彼は昨日、何時に帰宅しましたか」

(3) 日本語訳 「今、10時50分です」→「今、何時ですか」

❺ (4) **What time** で文を始め、**can** の疑問文の語順〈**can** ＋主語＋動詞の原形～？〉を続けます。

❻ (1) 「何時に～しましたか」なので、**What time** で文を始め、一般動詞の過去の疑問文の語順を続けます。

解き方

❶ (1) 「だれ？」とたずねるときは、**Who** で文を始めます。

(2) 「～はだれですか」は **Who is[are]** ～？で表します。**who is** の短縮形は **who's** です。

(3) 「だれが～しますか」は〈**Who** ＋一般動詞～？〉で表します。主語になる **who** は３人称・単数として扱うので、現在の文の場合は一般動詞に **(e)s** がつきます。

❸ (1) 日本語訳 「こちらの女の子たちは私のクラスメートです」→「こちらの女の子たちはだれですか」

(2) 日本語訳 「彼はトムです」→「彼はだれですか」

(3) 「だれが～しますか[しましたか]」のように **who** が主語になる疑問文では、〈**Who** ＋一般動詞～？〉の語順になります。

日本語訳 「あなたのお母さんはあなたに昼食を作りました」→「だれがあなたに昼食を作りましたか」

❹ (3) **in this picture** は「この写真[絵]の（中の）」という意味で **the boys** を修飾しています。

❺ (4) **who is** が **who's** と短縮形になっています。

❻ (4) 〈**Who** ＋一般動詞～？〉を使います。現在の疑問文なので、動詞は **es** をつけます。

㊿ Who ～？ の文　　本冊 p.102

❶ (1) **Who**　(2) **Who's**　(3) **teaches**

❷ (1) **Who is**　(2) **Who are**
　(3) **Who uses**

❸ (1) **Who are**　(2) **Who's**
　(3) **Who made**

❹ (1) あの[あちらの]先生はだれですか。
　(2) だれがピアノを弾いて[演奏して]いるのですか。
　(3) この写真[絵]の（中の）男の子たちはだれですか。
　(4) これは[こちらは]だれですか。

❺ (1) **Who is that?**
　(2) **Who opens the windows every morning?**
　(3) **Who took these pictures?**
　(4) **Who's the man by the tree?**

❻ (1) **Who wrote this book?**

51 Whose ～？ の文　　本冊 p.104

❶ (1) **Whose**　(2) **is**　(3) **bags**

❷ (1) **Whose, is**　(2) **Whose, are**
　(3) **Whose is**

❸ (1) **Whose pen**　(2) **Whose, these**
　(3) **Whose is**

❹ (1) これはだれのコンピューターですか。
　(2) それらはだれのラケットですか。
　(3) あれらの机はだれのものですか。
　(4) あの自転車はだれのものですか。

❺ (1) **Whose is this guitar?**
　(2) **Whose pencils are these?**
　(3) **Whose dog is that?**

(4) **Whose are those shoes?**

❻ (1) **Whose chair is that?**

(2) **Whose are these boxes?**

(3) **Whose textbooks are those?**

(4) **Whose is this eraser?**

解き方

❶ (1) 「だれの？」とたずねるときは，Whose で文を始めます。

(2) 「～はだれの…ですか」は〈Whose ＋名詞＋ is[are]～?〉で表します。主語が単数なので，be動詞は is を使います。

(3) 主語が複数のときは，〈Whose ＋名詞＋ are ～?〉の名詞は複数形にします。

❷ (3) whose は「だれの」という意味のほかに，「だれのもの」という意味もあります。「～はだれのものですか」は Whose is[are] ～? で表します。

❸ (1) 下線部を「だれの？」を表す whose に置きかえて，〈Whose ＋名詞〉「だれの～」の形で文頭に出します。

日本語訳 「これはあなたのペンです」→「これはだれのペンですか」

(2) 日本語訳 「これらはケンのノートです」→「これらはだれのノートですか」

(3) 下線部を「だれのもの？」を表す whose に置きかえて文頭に出します。主語が単数なので，be動詞は is を使います。

日本語訳 「あの人形は彼女のものです」→「あの人形はだれのものですか」

❺ (4) shoe は「くつ」という意味で，両足分で1足なのでふつう複数形で使われます。

---

❺② Which ～? の文　本冊 p.106

❶ (1) **Which**　(2) **do**　(3) **or**

❷ (1) **Which is**　(2) **Which ball do**

(3) **Which cup is, or**

❸ (1) **Which, or**

(2) **Which book, yours**

❹ (1) あなた(たち)はどちらの[どの]机を使

いますか。

(2) どちらがあなた(たち)の車ですか，白いのですか，それとも黒いのですか。

(3) どちらの[どの]ラケットが彼女のものですか。

(4) 彼はイヌとネコのどちらをほしがっていますか。

❺ (1) **Which cap is yours?**

(2) **Which is his dog, the small one or**

(3) **Which bag did your mother use?**

(4) **Which do they speak, Japanese or**

❻ (1) **Which is your computer, this one or that one?**

(2) **Which pen does she want?**

(3) **Which did you play, tennis or badminton?**

解き方

❶ Which ～? は「どちらが[を]～ですか[しますか]」，〈Which ＋名詞～?〉は「どちらの[どの]…が[を]～ですか[しますか]」という意味です。〈, A or B〉は「A ですか，それとも B ですか」と選択肢を表します。

❷ (3) one は前に出た名詞の代わりに使う代名詞で，ここでは cup の代わりに使われています。

❸ (1) 日本語訳 「あなたは何を(プレー)しますか」→「あなたはサッカーと野球のどちらをしますか」

(2) Which is ～? の文を〈Which ＋名詞＋ is ～?〉の文にかえます。

日本語訳 「どちらがあなたの本ですか」→「どちらの本があなたのものですか」

❻ (1) 名詞 computer のくり返しを避けるために one を使います。

---

❺③ Where ～? の文　本冊 p.108

❶ (1) **Where**　(2) **are**

(3) **Where's**

❷ (1) Where is (2) Where does
(3) Where are

❸ (1) Where do (2) Where's
(3) Where were

❹ (1) (その)病院はどこにありますか。
(2) グリーンさん[先生]はどこで働きますか[働いていますか]。
(3) あなた(たち)の両親は昨夜，どこにいましたか。
(4) あなた(たち)は昨日，どこで昼食を食べましたか。

❺ (1) Where is Kaori now?
(2) Where does he swim?
(3) Where did you buy the book?
(4) Where are their bikes?

❻ (1) Where is[Where's] your school?
(2) Where does your aunt live?
(3) Where are they playing baseball now?
(4) Where were you yesterday afternoon?

解き方

❶ (1) 「どこ？」とたずねるときは，Where で文を始めます。
(2)(3) 「～はどこにありますか[いますか]」は Where is[are] ～? で表します。where is の短縮形は where's です。

❷ (2) 「どこで[に，へ]～しますか」は〈Where do[does] ＋主語＋動詞の原形～?〉の形です。

❸ 下線部を「どこ？」を表す where に置きかえて文頭に出し，疑問文の語順を続けます。
(1) 日本語訳 「あなたは公園でサッカーを練習します」→「あなたはどこでサッカーを練習しますか」
(2) 日本語訳 「私のイヌはベッドの下にいます」→「私のイヌはどこにいますか」
(3) 日本語訳 「その箱はそのとき，机の上にありました」→「その箱はそのとき，どこにありましたか」

❻ (3) 「どこで[に，へ]～しているのですか」なので，現在進行形を使って〈Where is[are]

＋主語＋動詞の ing 形～?〉で表します。

54 When ～? の文 本冊 p.110

❶ (1) When (2) is (3) does

❷ (1) When is (2) When do
(3) When does

❸ (1) When is (2) When do
(3) When did, visit

❹ (1) あなた(たち)はいつ(あなた(たち)の)お母さんを手伝いますか。
(2) 彼はいつひまですか。
(3) 私たちの先生の誕生日はいつですか。
(4) 彼女はいつあなた(たち)に電話しましたか。

❺ (1) When do they practice soccer?
(2) When can you come to my house?
(3) When is your summer vacation?
(4) When does Mr. Sasaki use this computer?

❻ (1) When is your brother's birthday?
(2) When is his father busy?
(3) When did you read this book?

解き方

❶ (1) 「いつ？」とたずねるときは，When で文を始めます。
(2) 「～はいつですか」は When is[are] ～? で表します。
(3) 「いつ～しますか」は〈When do[does] ＋主語＋動詞の原形～?〉で表します。

❸ 下線部を「いつ？」を表す when に置きかえて文頭に出し，疑問文の語順を続けます。
(1) 日本語訳 「こどもの日は 5 月 5 日です」→「こどもの日はいつですか」
(2) 日本語訳 「あなたは夕食のあとに宿題をします」→「あなたはいつ宿題をしますか」
(3) 日本語訳 「彼女は先週末，神戸を訪れました」→

「彼女はいつ神戸を訪れましたか」

❹ (4) 〈When did + 主語 + 動詞の原形〜?〉は「いつ〜しましたか」という意味です。

❺ (2) When で文を始めて，can の疑問文の語順〈can + 主語 + 動詞の原形〜?〉を続けます。

❻ (3) 「いつ〜しましたか」なので〈Where did + 主語 + 動詞の原形〜?〉を使います。

55 Why 〜? の文　本冊 p.112

❶ (1) Why　(2) is　(3) did
❷ (1) Why does　(2) Why do
　(3) Why were
❸ (1) Why do　(2) Why did, call
　(3) Why was
❹ (1) あなた(たち)はなぜ毎日，図書館に行くのですか。
　(2) その男の子はなぜ怒っているのですか。
　(3) 彼ら[彼女たち]はなぜ校庭を走っているのですか。
　(4) あなた(たち)はなぜそのとき駅にいたのですか。
❺ (1) Why can he speak Chinese?
　(2) Why are you busy today?
　(3) Why did the child go to the forest?
　(4) Why does she get up early?
❻ (1) Why do they swim every day?
　(2) Why was her mother sad?
　(3) Why did you come home late yesterday?
　(4) Why does Sam use this desk?

解き方

❶ (1) 「なぜ?」とたずねるときは，Why で文を始めて，疑問文の語順を続けます。
　(2) 「なぜ〜ですか」は〈Why is[are] + 主語〜?〉で表します。
　(3) 「なぜ〜したのですか」は〈Why did + 主語 + 動詞の原形〜?〉で表します。

❷ (1)(2) 「なぜ〜するのですか」は〈Why do[does] + 主語 + 動詞の原形〜?〉で表します。
　(3) 「なぜ〜でしたか」は〈Why was[were] + 主語〜?〉で表します。
❸ (1) 日本語訳 「あなたは公園に行きます」→「あなたはなぜ公園に行くのですか」
　(2) 日本語訳 「彼のお母さんは昨日，彼に電話しました」→「彼のお母さんはなぜ昨日，彼に電話したのですか」
　(3) 日本語訳 「ジュリアは学校に遅れました」→「ジュリアはなぜ学校に遅れたのですか」
❹ (3) Why のあとに現在進行形の疑問文が続いています。
❺ (1) Why で文を始めて，can の疑問文の語順〈can + 主語 + 動詞の原形〜?〉を続けます。

56 How 〜? の文　本冊 p.114

❶ (1) How　(2) do　(3) How's
❷ (1) How do　(2) How does
　(3) How was
❸ (1) How is　(2) How does, go
　(3) How was
❹ (1) あなた(たち)の市[都市]の天気はどうですか。
　(2) あなた(たち)はどうやって人形を作りますか。
　(3) 彼ら[彼女たち]はどうやってスタジアム[競技場]に行きましたか。
　(4) (あなた(たち)の)おじいさんの調子はどうですか。[(あなた(たち)の)おじいさんは元気ですか。]
❺ (1) How did you make this cake?
　(2) How was your winter vacation?
　(3) How are your parents?
　(4) How can I use that machine?
❻ (1) How is[How's] the weather in Paris today?
　(2) How do you usually go to the station?
　(3) How did they come[get] here?

解き方

❶ (1) 「どうですか？」と「状態」や「様子」をたずねるときは，**How** で文を始めます。
(2) **how** は「どのようにして」と「手段・方法」を表すこともできます。
(3) how is の短縮形は how's です。

❸ 下線部を how に置きかえて，文頭に出します。How のあとは疑問文の語順を続けます。
(1) 日本語訳 「京都の天気は雨です」→「京都の天気はどうですか」
(2) 日本語訳 「マコトはバスで図書館に行きます」→「マコトはどうやって図書館に行きますか」
(3) 日本語訳 「あなたの週末はすばらしかったです」→「あなたの週末はどうでしたか」

❺ (4) How で文を始めて，can の疑問文の語順〈can ＋主語＋動詞の原形～?〉を続けます。

❻ (2) 頻度を表す副詞の usually は，ふつう一般動詞の前に置きます。
(3) 「どうやって～しましたか」ということを表したいので〈How did ＋主語＋動詞の原形～?〉を使います。

57 How many ～? の文　本冊 p.116

❶ (1) How　(2) cats　(3) did
❷ (1) How many　(2) many eggs
(3) How, does
❸ (1) How many
(2) How, brothers　(3) How, did
❹ (1) あなた(たち)はカナダに友だちが何人いますか。
(2) この市[都市]には図書館がいくつありますか。
(3) あなた(たち)はここから鳥が何羽見えますか。
(4) 彼は日本(語)の歌を何曲知っていますか。
❺ (1) How many cars do you have?
(2) How many cookies did she give
(3) How many teachers does our school have?

❻ (1) How many sisters does he have?
(2) How many balls do you have in your[the] bag?
(3) How many cups do we need?
(4) How many notebooks did you buy?

解き方

❶ (1) 「いくつ？」とたずねるときは，**How many** で文を始めます。
(2) **how many** のあとの名詞は複数形にします。

❸ 下線部を「いくつ？」を表す how many に置きかえて，あとに名詞の複数形をつけて文頭に出します。〈How many ＋名詞の複数形〉のあとは疑問文の語順を続けます。
(1) 日本語訳 「あなたは鉛筆を5本ほしがっています」→「あなたは鉛筆が何本ほしいですか」
(2) How many のあとの名詞は複数形にします。
日本語訳 「あなたには兄弟が1人います」→「あなたには兄弟が何人いますか」
(3) 日本語訳 「ニックは人形を3つ作りました」→「ニックは人形をいくつ作りましたか」

❹ (2) 「市が図書館を持っている」を「市に図書館がある」と自然な日本語にしましょう。

❺ (2) 「…に～をくれる」は give ～ to … です。

❻ (1) 「(家族・友人など)がいる」は have で表します。

58 会話表現❶　本冊 p.118

❶ (1) イ　(2) ア　(3) ウ
❷ (1) イ　(2) エ　(3) オ　(4) ア
(5) キ　(6) ウ　(7) カ
❸ (1) night　(2) too　(3) How are
(4) Excuse　(5) sorry / No
❹ (1) どうもありがとう(ございます)。
(2) どういたしまして。
(3) こんばんは。
(4) その通りです。
❺ (1) I am[I'm] sorry.

(2) Nice to meet you.

(3) Excuse me.

解き方

❶ (1) Good morning. は「おはようございます」, Good afternoon. は「こんにちは」, Good evening. は「こんばんは」という意味です。

(2) 「お元気ですか」は How are you? です。

(3) 「はじめまして」は Nice to meet you. で表します。

❷ (3) Excuse me. は「すみません」という意味で, 人に話しかけるときの表現です。

(4) Thank you. は「ありがとう」という意味で, お礼を言うときの表現です。

(5) I'm sorry. は「ごめんなさい」という意味で, 謝るときの表現です。

(6) See you. は「またね」という意味で, 別れるときに使う表現です。

(7) I see. は「なるほど」「わかりました」「そうなんですね」とあいづちをうつ表現です。

❸ (1) 「おやすみなさい」は Good night. です。

(2) too は「～もまた」という意味です。

(5) No problem. や That's OK. で「大丈夫ですよ」と言うことができます。

❹ (2) You're welcome.「どういたしまして」はお礼を言われたときの答え方です。

(4) That's right. は「その通りです」と相手の言ったことに同意するときの表現です。

---

59 会話表現❷　　本冊 p.120

❶ (1) Can　(2) I　(3) How
　(4) What

❷ (1) Can I　(2) Can you
　(3) What a

❸ (1) What nice　(2) Can you clean

❹ (1) ドアを開けてくれますか。

(2) なんておもしろいのでしょう。

(3) なんて親切な男の子たちなのでしょう。

(4) このケーキを食べてもいいですか。

---

(5) いいですよ。

❺ (1) Can you wash the dishes?

(2) Can I play the guitar here?

(3) What a delicious orange!

❻ (1) How cute!

(2) What an easy question!
　[What easy questions!]

(3) Can I use your bike?

(4) Can you go shopping with me?

解き方

❶ (1) 「～してくれますか」は〈Can you ＋動詞の原形～?〉で表します。

(2) 「～してもいいですか」は〈Can I ＋動詞の原形～?〉で表します。

(3) 「なんて～なのでしょう」は〈How ＋形容詞!〉で表します。

(4) 「なんて…な～なのでしょう」は〈What (a[an]) ＋形容詞＋名詞!〉で表します。

❷ (3) あとの名詞が単数なので a が必要です。

❸ (1) 〈What (a[an]) ＋形容詞＋名詞!〉「なんて…な～なのでしょう」という感嘆文にします。あとの名詞が複数なので a は不要です。

❹ (5) Can I ～? に「いいですよ」と応じるときの言い方です。ほかに Sure.[OK.]「いいですよ」, Yes, of course.「はい, もちろん」のように言うこともできます。

❻ (2) easy「簡単な」は母音で始まるので, an を使います。

---

60 まとめのテスト❸　　本冊 p.122

❶ (1) イ　(2) ウ　(3) ウ　(4) ア

❷ (1) Whose, are　(2) wrote, ago
　(3) Good evening

❸ (1) I was　(2) Who is
　(3) What do, have

❹ (1) 彼は T シャツを何枚持っていますか。

(2) あなた(たち)は昨日の朝[午前]10 時にプールで泳いでいたのですか。

(3) 彼女は昨夜，家にいませんでした。

(4) あなた(たち)の写真を撮ってもいいですか。

❺ (1) Did they see a movie last Thursday?

(2) What a beautiful mountain!

(3) What time do you come home?

(4) Was this book on the desk?

❻ (1) Which did he study, math or English?

(2) Can you carry my bag?

(3) Why do you eat[have] an[one] apple every day?

(4) She was making[cooking] lunch then.

解き方

❷ (1) 「～はだれの…ですか」は〈Whose ＋名詞 ＋ is[are] ～?〉で表します。

(2) write「～を書く」の過去形は wrote です。「～前に」は～ ago で表します。

❸ (1) 下線部を last week「先週」にかえるので，be 動詞を過去形 was にします。

日本語訳 「私は今，ひまです」→「私は先週，ひまでした」

(2) 日本語訳 「あの男性はマユのおじさんです」→「あの男性はだれですか」

(3) 日本語訳 「あなたは手にペンを持っています」→「あなたは手に何を持っていますか」

❹ (2) 〈Was[Were] ＋主語＋動詞の ing 形～?〉は「～していたのですか」という意味です。

❺ (2) 「なんて…な～なのでしょう」は〈What a [an] ＋形容詞＋名詞!〉の語順です。

❻ (2) 「～してくれますか」なので〈Can you ＋ 動詞の原形～?〉を使います。「～を運ぶ」は carry で表します。

チャレンジテスト❶   本冊 p.124

1 (1) ウ   (2) イ   (3) イ
   (4) ア   (5) ウ

2 (1) doesn't live   (2) know their
   (3) What subject(s) do
   (4) Is, looking   (5) can sing
   (6) Where did

3 (1) do not use   (2) bag, hers
   (3)① Can he make
     ② he cannot[can't]

4 (1) How is the weather
   (2) What time does your school begin

5 (1) My aunt teaches English.
   (2) Don't open the window(s).
   (3) Can I have[eat] lunch here?

解き方

1 (3) 「来る」は come で表し，過去形は came になります。

(5) 「～していました」という過去進行形は〈主語 ＋ was[were] ＋動詞の ing 形～.〉の形です。

2 (3) 「何の…を～しますか」は〈What ＋名詞＋ do[does] ＋主語＋動詞の原形 ?〉で表します。

(6) 「どこで～しましたか」は〈Where did ＋主語＋動詞の原形～?〉で表します。

3 (1) 日本語訳 「私はこの自転車を使います」→「私はこの自転車を使いません」

(2) 「これは彼女のかばんです」という文を「このかばんは彼女のものです」という文にします。

日本語訳 「これは彼女のかばんです」→「このかばんは彼女のものです」

(3) 日本語訳 「彼はじょうずにパンケーキを作ることができます」→「彼はじょうずにパンケーキを作ることができますか」「いいえ，できません」

4 (1) 疑問詞の how があるので，これで文を始めて，be 動詞の疑問文の語順〈be 動詞＋主語 ～?〉を続けます。

日本語訳

A：岩手は今日は寒いです。

B：そこでは雪が降っていますか。

A：はい，少し降っています。今日の東京の天気はどうですか。

B：くもっていますが，暖かいです。

(2) **What time**「何時」で文を始め，一般動詞の3人称・単数・現在の疑問文〈does＋主語＋動詞の原形？〉を続けます。begin は「始まる」という意味です。

日本語訳

A：あなたの学校は1日に授業がいくつありますか。

B：ふつう6つ授業があります。

A：あなたの学校は何時に始まりますか。

B：8時15分です。

5 (2) 「～してはいけません」なので〈Don't ＋動詞の原形～.〉を使います。

(3) 「～してもいいですか」なので〈Can I ＋動詞の原形～？〉を使います。

チャレンジテスト❷ 本冊 p.126

1 (1) **has** (2) **running** (3) **us**
(4) **men** (5) **go** (6) **was**

2 (1) ウ (2) ア (3) イ
(4) ウ (5) エ

3 (1) 彼ら[彼女たち]はなぜそのとき公園にいたのですか。
(2) 私の父はこの前[先週]の金曜日にこの本を買いました。
(3) 昨夜，だれがあなた（たち）を訪ねましたか。

4 (1) I sometimes watch soccer games on TV.
(2) What are these buildings?

5 (1) How many languages
(2) Whose pen is
(3) How did you

解き方

1 (1) 日本語訳 「私はイヌを1ぴき飼っていて，彼は

ネコを2ひき飼っています」

(2) 日本語訳 「彼らは公園の周りを走っていました」

(3) 日本語訳 「私たちと動物園に行ってくれますか」

(4) **man** の複数形は **men** です。
日本語訳 「あの男性たちは私の学校の先生です」

(5) コンマがあるので文頭の Nanami は呼びかけの語です。この文は命令文だとわかります。
日本語訳 「ナナミ，もう寝なさい」

(6) 日本語訳 「彼女は10年前，医師でした」

2 (1) B は「あなたはそれ（＝辞書）を使うことができます」と言っているので，B は辞書を使っていないと判断できます。

日本語訳

A：あなたは今，辞書を使っていますか。

B：いいえ，使っていません。それを使っていいですよ。

A：おお，ありがとうございます。自分のものを家に忘れてしまったんです。

(2) They は前文に出ている「（あなたの）手袋」を指すので，場所を表す前置詞の under が適するとわかります。

日本語訳

母親：あなたは手袋を見つけましたか。今朝，探していましたよね。

息子：はい。ぼくのかばんの下にありました。ありがとう，お母さん。

(3) 日本語訳 「あなたはご飯とパンのどちらを朝食に食べますか」

(4) 日本語訳

A：おなかがすきました。このオレンジを食べてもいいですか。

B：いいですよ。

(5) 日本語訳

A：今度の日曜日，いっしょに買い物に行きましょう。

B：ごめんなさい，行けません。私は週末にサッカーの練習があります。

3 (3) 〈Who ＋一般動詞～？〉で「だれが～しますか[しましたか]」という意味です。

4 (1) 頻度を表す副詞の sometimes は，ふつう一般動詞の前に置きます。

5 (1) デイビス先生が「3つの言語です」と数を答えているので，数をたずねる文にします。

日本語訳

カナコ：あなたが日本語をじょうずに話すということを知

っています。いくつの言語を話すことができますか。

デイビス先生：3つです。英語，日本語，フランス語を話
　　すことができます。

(2)　サトルが「それはぼくのものです」と答えて
　　いることから，持ち主をたずねる文にします。

日本語訳

ブラウン先生：これはだれのペンですか。机の下で見つけ
　　ました。

サトル：おお，それはぼくのものです。ありがとうござい
　　ます，ブラウン先生。

(3)　カナが「電車でそこに行きました」と交通手
　　段を答えているので，手段や方法をたずねる文
　　にします。

日本語訳

カナ：私は先週，京都を訪れました。

スミス先生：いいですね。どうやってそこに行ったのです
　　か。

カナ：電車で行きました。とても楽しかったです。